Familien-Reiseführer
MALLORCA

COMPANIONS

Mallorca

Strandfreuden für die Kleinsten – aber bitte mit Hut!

Mallorca für Eltern und Kinder

Kinderfreundliche Strände

Zehn Touren, die allen Spaß machen

Die tollsten Attraktionen für Kinder

Eine der schönsten Naturstrandbuchten im Südosten: Cala Mondragó

Gut zu wissen

Grenzenloser Wasserspaß im Aqualand in Es Arenal

Was Sie wissen sollten

Diese Zeichen und Symbole begleiten Sie durch das ganze Buch und geben Ihnen besondere Informationen:

Die Mini-Karte von Mallorca mit dem dicken roten, grünen oder blauen Punkt zeigt Ihnen auf einen Blick, an welchem Ort sich die jeweilige Adresse befindet.

Infos zur Region oder spezielle Empfehlungen für die Eltern gibt's in den grünen Kästen.

In den orangefarbenen Kästen stehen tolle Tipps oder Geschichten für Kinder.

Regionale kulinarische Genüsse oder ein Restaurant, in dem auch Ihre Kinder auf ihre Kosten kommen, finden Sie in den blauen Kästen.

Unserer Autorin Petra Rossbach ist Mallorca seit frühster Jugend zur zweiten Heimat geworden. Nach einem Studium der Kunsterziehung und der Publizistik war sie langjährige Leiterin und Moderatorin der ARD-Sendung „Ratgeber Reisen" und Initiatorin der ZDF-„Reiselust". Heute arbeitet sie als freie Buchautorin und Journalistin. In diesem Reiseführer verrät sie etliche Geheimtipps für urlaubende Familien auf Mallorca.

Mallorca entdecken

Seien Sie ehrlich: Haben Sie nicht auch Vorurteile gehabt gegen Mallorca? Haben Sie sich nicht ein bisschen geniert – vor der Verwandtschaft, den Bekannten, den Kollegen –, dass Sie sich ausgerechnet diese viel gescholtene und zugleich viel gepriesene Insel zum Urlaubsort gewählt haben – das von etlichen Deutschen gewünschte 17. Bundesland mit Bier- und Schinkenstraße, mit der berüchtigten Strandbar Ballermann 6 und dem Massenstrand von Es Arenal? Nein? Dann sind Sie eine Ausnahme und zudem sehr klug. Dann wissen Sie nämlich, dass Mallorca ganz anders ist als sein Ruf, dass diese Insel unendlich vielseitig, wunderschön und sogar abenteuerlich ist – eben eine Insel für echte Familienferien.

Die Vielseitige

Die größte der Baleareninseln umfasst 3.700 Quadratkilometer, auf denen eine prächtige Hauptstadt, ein Hochgebirge mit über 40 Tausendern und einer der schönsten Panorama-Bergstraßen Europas, das größte Feuchtgebiet im Mittelmeerraum, zartrosa-weiße Salzseen, eine weite, zentrale Ebene mit Dörfern, Feldern und Gärten und 650 Kilometer Küste mit über 180 kleinen Sandbuchten und einigen kilometerlangen Sandstränden Platz haben. Noch immer versteckt sich, oft nur einige hundert Meter vom Getümmel der Fremdenverkehrszentren entfernt, die Idylle: in verschlafenen Weilern, verwunschenen Gärten, kleinen Fischerhäfen, engen Dorfgassen, abseits gelegenen Landgasthäusern. Aufregende

Mallorca ist vielseitig, wunderschön, abenteuerlich – eine echte Familieninsel

Tropfsteinhöhlen gilt es zu entdecken, bunte Wochenmärkte, geheimnisvolle Burgen und abgeschiedene Klöster, mal ganz abgesehen von der faszinierenden Welt am und unter Wasser.

Gut organisiert

Kaum ein anderes Feriengebiet im Mittelmeerraum hat eine solch perfekte Infrastruktur zu bieten wie diese Insel, die in nur zwei Flugstunden von allen deutschen Flughäfen erreichbar ist. Mallorca besitzt ein dichtes, gut ausgebautes Straßennetz, sodass alle interessanten Sehenswürdigkeiten leicht und bequem angefahren werden können, mit einem der mehr als 35.000 Leihwagen oder Tausenden von Leihfahrrädern, die es auf der Insel gibt. Dazu kommt eine hervorragend funktionierende Hotellerie mit über 1.600 Herbergen und einer breiten gastronomischen Palette von 6.000 Restaurants, Cafeterias und Bars.

Fremde Einflüsse

Jahrhundertelang mussten die Insulaner mit fremden Völkern fertig werden, die fast immer mit unfriedlichen Absichten hereinbrachen und dem Inselvolk nicht selten ihren Stempel aufdrückten, ob es nun die Römer oder Vandalen, die Araber oder die Spanier vom Festland waren. Die Mallorquiner haben all das gut überstanden und auch davon profitiert. Warum sollten sie dann nicht auch die beiden letzten Invasionen, die der Touristen und die der Hauskäufer, überstehen? Erstere überschwemmen die Insel seit Jahrzehnten in Millionenzahl, Letztere siedeln sich per Zweit- oder gar Hauptwohnsitz von Jahr zu Jahr in steigender Zahl auf der Insel an (2007: über 126.000 gemeldete Ausländer, davon rund 30.000 Deutsche bei einer Gesamteinwohnerzahl von 1.031.000).

Natürlich kann das Inselvolk nicht umhin, sich gegen ein Zuviel an Vereinnahmung zu schützen, indem es sich äußerlich abschottet und sich hier und dort über fremdes Gebaren amüsiert. Die Abschottung wird z.B. markiert durch die ewig geschlossenen Fensterläden der Dorf- und Stadthäuser, ist aber auch in der Sprache spürbar. Gern gehen Mallorquiner eine gewisse Zeit höflich auf Fremde ein, sprechen mit ihnen auch Spanisch, also das offizielle Kastilisch (castellano), um dann schnell in ihre eigene Mundart, den mallorquinischen Dialekt der katalanischen Sprache, zurückzukehren. Das ist für Touristen, die stolz sind, ein paar Brocken Spanisch mitzubringen, manchmal enttäuschend.

Mallorquinische Feste

Am deutlichsten zeigt sich dieser „Mallorquinismus" auf den Festen der Einheimischen. Sie werden absolut nicht für die Fremden veranstaltet, sondern sind ureigenste Angelegenheiten, oft mit jahrhundertealter Tradition. Man schließt Fremde zwar in keiner Weise aus, fordert sie aber auch nicht extra auf, daran teilzunehmen. So bleiben Urlauber freundlich geduldete Zaungäste. Wo immer Sie eines der vielen Patronatsfeste miterleben können, sollten Sie es unbedingt tun. Sie werden sehen, dass die Insulaner ihre zumeist fröhlichen Tänze mit viel Temperament und Spaß tanzen und nichts dagegen haben, wenn Besucher versuchen mitzuhalten. Viele der Inselfeste sind religiösen Ursprungs. Deshalb ist es für Feriengäste wichtig, die Rituale zu respektieren, also unter gar keinen Umständen zu stören, sei es durch falsche Kleidung oder durch falsches Benehmen.

Hobbyfischer

Schulkinder haben von Mitte Juni bis Mitte September Ferien und sind natürlich in dieser heißen Zeit wie die Gästekinder am liebsten am Strand und im Meer. Eine ihrer Lieblingsbeschäftigungen ist dabei – wie für viele ihrer Väter – das Angeln und das Tauchen, oft auch mit Harpune. Stolz kommen sie dann mit ihrem Fang nach Hause, mit einem calamar (Tintenfisch) oder mit kleinen Fischen, die z.B. für einen arros a la marinera (Reis mit Meeresfrüchten) Verwendung finden. Natürlich werden bei einer meerumspülten Heimat auch alle anderen Wassersportarten großgeschrieben. Familien, die ein Segel- oder Motorboot, einen zodiak (motorisiertes Schlauchboot) oder ein llaüt (typisch mallorquinisches Holzboot) besitzen, stechen begeistert in See.

Insel der Genießer

Auf der Insel wird auch gern gut gegessen. Dazu trifft man sich auf jeden Fall am Sonntag zur Mittagszeit, oft im Hause der Großeltern oder in einer Finca, einem der unzähligen ockerfarbenen Landhäuser. Bei einem solchen mittäglichen Familientreff geht's laut und fröhlich zu. Man genießt das Essen und – mindestens ebenso wichtig – das Beisammensein.

Bei Ausflugsfahrten werden Sie häufig Familien bei einer ihrer liebsten Freizeitbeschäftigungen sehen: beim Picknicken. Auf der Insel wurde eine Viel-

Im Rechnen eine 10: Schulkinder auf Mallorca

Wenn Juana oder Jaume mit einer 10 nach Hause kommen, sind sie glücklich. Dann nämlich haben sie die beste Note, die es in Spanien gibt. Haben sie eine 1, werden sie tüchtig pauken müssen, um wieder aufzuholen. Dazu muss nicht selten die lange Sommerferienzeit von Mitte Juni bis Mitte September herhalten.

Zurzeit gibt es auf Mallorca Schulen, die noch nach dem altem System arbeiten – die Kinder beenden mit 14 Jahren die Hauptschule –, und andere, die schon das neue System anwenden, in welchem die Schüler zwei Jahre länger die Schulbank drücken. Um studieren zu können, muss man weitere vier Jahre zum Gymnasium gehen; für die Uni ist dann noch eine (schwere) Aufnahmeprüfung zu absolvieren.

zahl von Grillplätzen eingerichtet, die meisten im Tramuntana-Gebirge, weil dort viele Steineichen und Aleppokiefernwälder für Schattenplätze sorgen. Aber auch entlegene Einsiedeleien und Klosterberge sind gern aufgesuchte Orte, um den Samstag- oder Sonntagmittag im Freien zu verbringen. Solche Picknickplätze verfügen meist über fest installierte Tische und Sitzbänke, oft auch über Grillstellen, in jedem Fall über Abfallkörbe und manchmal gar über Toiletten. Auch Gästefamilien können davon profitieren; bei den Touren-Beschreibungen dieses Buches wird gelegentlich auf solche Picknickplätze hingewiesen.

Mallorca – ein großer Freizeitpark

Auf der relativ kleinen Insel gibt es ein überraschend großes Angebot an Natur- und Freizeitparks. Auch das macht Mallorca für Familien mit Kindern so attraktiv. Vier große Wasserparks mit allen nur erdenklichen Attraktionen sind über die Insel verteilt. Zwei Tierparks, ein Freizeitpark mit Delfin-, Seelöwen- und Papageien-Show, Naturschutzgelände mit Lehrpfaden, ein Meerwasser-Aquarium und jede Menge Minigolfplätze zum Teil gigantischen Ausmaßes locken nicht nur Kinder an. Und jedes Jahr stehen an den Stränden wieder neue, lustige Wasservehikel bereit, die Ferienspaß für die ganze Familie garantieren.

Ein königliches Eiland

Auch für prominente Gäste ist die größte Baleareninsel schon immer ein beliebtes Ziel gewesen. Zu den VIPs der vergangenen Jahrhunderte zählten der polnisch-französische Komponist Frédéric Chopin und der österreichische Erzherzog Ludwig Salvator; unendlich ist die Zahl der Stars und Sternchen aus dem internationalen Kunst- und Showgeschäft unserer Zeit. Der bedeutendste Prominente unter Mallorcas Urlaubsgästen ist jedoch Juan Carlos I., König von Spanien, mit seiner Familie. Als seine Kinder, Thronfolger Felipe und die Töchter Cristina und Elena, noch ganz klein waren, machte er Mallorca zu seinem alljährlichen Ferienziel. Für die vielen königlichen Enkel ist Mallorca wie eine zweite Heimat. Tun Sie's der Königsfamilie nach – es geht auch ohne Palast und riesige Segeljacht …

Felsentor in der Cala Santanyí (→ S. 24)

Was Eltern wissen sollten

Das Meerwasser rund um die Insel zählt zum saubersten im westlichen Mittelmeer. So gut wie keine Abwässer fließen dort hinein. Regelmäßig werden vom balearischen Gesundheitsamt chemische und bakteriologische Tests auf Basis der Untersuchungsmethoden der Weltgesundheitsbehörde und der EU durchgeführt. Kaum ein mallorquinischer Strand, an dem nicht die blaue Europafahne weht, die für gute Strand- und Wasserqualität und gute hygienische Verhältnisse bürgt. Allgemein ist die Insel auch mit Trinkwasser ausreichend versorgt. Lediglich in den Hochsommermonaten kann es zu Engpässen kommen. Trinkwasser wird angeliefert oder privaten Brunnen entnommen, die im Hochsommer jedoch ziemlich salzhaltig

Strand ohne WC und Dusche

So gut die Infrastruktur an den cales und platges im Allgemeinen ist, so gibt es dennoch einige kleine Strandbuchten, in denen öffentliche Toiletten oder Duschen fehlen. Dann bleibt nichts anderes übrig, als die Einrichtungen von Strandhotels zu „missbrauchen" oder bei einem Eis im Strandlokal das dringende Bedürfnis zu erledigen. Restaurantbesitzer reagieren sehr sauer, wenn man ihre Einrichtungen ohne Verzehr benutzt.

Öffentliche Trinkwasserbrunnen bieten Labsal an heißen Tagen

sein können. Dann sinkt nämlich der Grundwasserspiegel und es sickert Meerwasser nach. Es ist deshalb besser, nicht einfach das Wasser aus dem Hahn zu trinken, sondern sich Mineralwasser in Liter- oder Mehrliterflaschen zu kaufen.

Fahnen am Strand

An den meisten Stränden Mallorcas wehen bunte Fahnen. Sie weisen auf mögliche Gefahren beim Baden hin. Grün heißt, dass jeder unbesorgt im Wasser planschen kann. Gelb signalisiert – oft durch Wetterwechsel bedingt – ein unruhiges Meer, das weites Hinausschwimmen gefährlich macht. Rot verbietet das Baden im Meer eigentlich ganz, weil die Wellen zu hoch sind oder gefährliche Unterströmungen die Rückkehr an Land erschweren oder unmöglich machen. Weht irgendwo die rote Strandfahne, ist es für Kinder auf jeden Fall lebensgefährlich. Eltern, die ihre Kinder dennoch ins Wasser lassen, handeln leichtsinnig und unverantwortlich.

Medizinische Versorgung

Mallorca verfügt über ein dichtes Netz an Arztpraxen und Kliniken. In den 15 Krankenhäusern der Insel gibt es meist auch Personal, das beim Übersetzen hilft, und fast immer eine Kinderstation. Die Zahl der deutschen niedergelassenen Ärzte auf der Insel nimmt jedes Jahr zu, auch die der Fachärzte. Namen und Anschriften finden Sie in den deutschsprachigen Wochenzeitungen „Mallorca-Magazin" und „Mallorca Zeitung".

Impfungen sind für Mallorca nicht nötig. In Spanien sind viel weniger Medikamente rezeptpflichtig und zudem preiswerter als in Deutschland. Bei Ärzten und in Kli-

Kleiner Sprachführer für Eltern (auf castellano)

Die mallorquinische Amtssprache ist zwar Katalanisch, doch Touristen kommen besser mit castellano (Spanisch) durch. Warum das so ist, können Sie auf S. 107 nachlesen.

Mutter, Vater – madre, padre
Junge – niño („ninjo" gespr.)
Mädchen – niña
Familie – familia
Windeln – pañales
(oder: pampers!)
Schnuller – chupete
Nuckelflasche/Fläschchen – biberón
Milch – leche
Apotheke – farmacía
Vollmilch – leche entera
Kindersitz (Auto oder Hochstuhl) – silla de bebe
Kinderbett – cuna
Strampelhöschen – pijama
Hemdchen – camiseta
Höschen – bragitas
Lätzchen – babero
Sandalen – sandalias
(Strand-) Eimer – cubo
(Strand-) Schaufel – pala
Schwimmflügel – brazaletes
Schwimmreifen – flotador
Schwimmflossen – aletas
Ball – balón
Luftmatratze – colchoneta
Gummiboot – barca
Taucherbrille – máscara
Teddybär – ossito
Püppchen – muñecita

Petri Heil für kleine Angler

Schon mit einem einfachen Kescher oder einem Netz – beides kann man in jedem Strandladen kaufen – lassen sich Fischchen fangen. Ganz spannend ist es, die „Beute" erst mal in einem kleinen Spielzeugeimer, der mit Meerwasser gefüllt ist, in aller Ruhe zu beobachten, bevor sie wieder in die Freiheit entlassen wird. Für größere Fische bedarf es einer Angel, die es ebenfalls überall zu kaufen gibt. Einen Angelschein brauchen Touristen nicht.

niken muss der Patient finanziell in Vorlage treten, zu Hause kann er sich mit der Arztquittung, die mit einer genauen Diagnose versehen sein muss, den Betrag von der Krankenkasse zurückerstatten lassen. 24 Stunden am Tag ist inselweit der ärztliche Notruf des Roten Kreuzes erreichbar, Tel. 971 20 22 22.

Zubehör für Kids

Jede Leihwagenfirma auf der Insel verleiht für zwei bis drei Euro am Tag Kindersitze. Wer von Deutschland aus einen Leihwagen vorbestellt, sollte den Kindersitz gleich mit anmelden. Restaurants und Hotels verfügen meist über Kinderhochstühle. Wer ein Ferienhaus oder eine Ferienwohnung bucht, sollte sich vorher im Reisebüro oder beim Vermieter danach erkundigen und, sofern möglich, reservieren. Kinderbettchen kann man in den Hotels in der Regel ebenfalls erwarten. Sie werden allerdings hier und

dort extra berechnet und sind oft kleiner als die deutschen. Buchen Sie ein Ferienhaus, sollten Sie das Bett auf jeden Fall vorher bestellen. In den großen Supermärkten finden Sie Babynahrung bekannter Marken, gleiches gilt für Windeln. Spanier sind außerordentlich kinderlieb und putzen ihre Kinder gern heraus. Es lohnt sich deshalb, auf Märkten oder in Spezialgeschäften nach Baby- und Kinderkleidung Ausschau zu halten.

Familienfreundliche Küstenorte

Alle Orte, die an der Küste liegen und über einen Strand verfügen, sind besonders geeignet für Familien. Da Kinder jedoch die Einsamkeit weniger lieben als ihre Eltern, sind all die Orte kindgemäßer, in denen viele (deutschsprachige) Familien mit Kindern Ferien machen. Dazu zählen die Ferienorte Port d'Alcúdia, Can Picafort, Cala Rajada, Cala Bona, Cala Millor, Calas de Mallorca, Cala d'Or, Cala Santanyí, Colònia de Sant Jordi, Platja de Palma, Illetas, Santa Ponça, Peguera, Camp de Mar. Diese Ferienorte bieten auch die deutschen Reiseveranstalter vorwiegend in ihren Katalogen an. Auf Mallorca gibt es keine Privatstrände, denn privater Grundbesitz darf erst sechs Meter vom Meer entfernt beginnen. Somit gehören alle Strände und Buchten dem Staat bzw. der spanischen Küstenbehörde. Schilder mit der Bezeichnung privado oder particular direkt am Meer können Sie also ignorieren. Allerdings dürfen Sie nicht ohne Einwilligung der Besitzer am Strand oder auf ausbetonierten Felsen montierte Sonnenschirme oder dort aufgestellte Liegen benutzen.

Essen & Trinken

Auf Mallorca wird gern und gut und reichlich gegessen. Essen, Gerichte, Rezepte und Restaurants sind Lieblingsgesprächsstoff speisender Insulaner. Zwangsläufig gehört das Gegenteil, die Diät, natürlich auch dazu. Mit ihr will man unbedingt beginnen – aber bitte erst morgen … Nichts können Mallorquiner weniger begreifen als das Sparen so vieler ausländischer Gäste am Essen. Ein Teller Spagetti zu dritt? Das ist eine Barbarei in ihren Augen.

Wenn Mallorquiner selbst in Urlaub fahren, schlägt das Budget fürs Probieren fremder Gerichte mindestens so hoch zu Buche wie das für Ausflüge. Mit anderen Worten: Sie reisen auf eine Insel von Genießern – und es wäre doch jammerschade, es den Einheimischen nicht nachzumachen.

Andere Länder, andere Sitten

Die Essgewohnheiten der Einheimischen weichen von unseren ab. Dennoch müssen Sie sich in puncto Ernährung – vor allem wegen der Kinder – keine Sorgen machen. Der hygienische Standard auf der Insel entspricht weitgehend dem deutschen. Allerdings ist es nicht zu empfehlen, bedenkenlos jeden Leitungswasserhahn anzuzapfen. Zudem ist das Wasser, wie erwähnt, in den Sommermonaten in vielen Orten stark salzhaltig, es schmeckt also nicht. Trinkwasser sollten Sie deshalb in dieser Zeit in Plastikflaschen kaufen. Für manche Menschen problematisch ist das Olivenöl, das wie überall in Spanien auch, auf Mallorca fast ausschließlich benutzt wird. Nicht jeder Magen verträgt es, wenn er es nicht gewohnt ist. Falls sich Unverträglichkei-

Frische Früchte haben auf Mallorca das ganze Jahr über Saison

ten einstellen, satteln Sie um auf ölarme Kost wie Spagetti, Tortilla, Reis und gekochten Fisch.

Von Fastfood bis Nouvelle cuisine

Inselweit verbreitet sind Cafeterias, deren Speisekarten stark von Fremden, vorwiegend Deutschen und Briten, beeinflusst sind. Das sind dann auch der meisten Kids liebste Adressen, locken doch all die Fast-Food-Einheitsessen wie Hamburger, Hotdogs, Pommes frites, Spagetti, Pizza etc. Natürlich trifft man dort auch Jugendliche und Kinder von der Insel, denn in diesen Dingen ist man sich europaweit einig.

Gewusst wie: Mallorca-Knigge

Ein paar spezielle Tipps können hilfreich sein: In besseren Restaurants sieht man es z.B. nicht so gern, wenn Gäste sofort einen Tisch besetzen. Man wartet besser, bis einem der Kellner oder der Maître einen Tisch zuweist. Man wird in der Regel zuerst nach der Anzahl der Personen gefragt. Wer nicht Mallorquín oder Spanisch kann – die Finger tun's auch. Verpönt ist es, sich in einem vollen Lokal an einen Tisch dazusetzen zu wollen. In einem guten Restaurant erwartet man, dass jeder am Tisch (abgesehen von den ganz Kleinen) zumindest ein Tellergericht bestellt. Ein Teller für zwei oder gar drei ist „daneben". In Cafeterias und Bars hat sich diese „Sparbestellung" mehr oder weniger durchgesetzt. Kommt unbestellt etwas zum „Picken" (para picar) auf den Tisch, wie Butter und Brot oder Oliven, kann es sein, dass Sie dies nachher auf der Rechnung wiederfinden. Ebenso wird in der Regel für

das Gedeck (cubierto) bezahlt. Viele Restaurants und Cafeterias bieten ein Tagesmenü (menu del día) an, das meist gut und preiswert ist und drei Gänge, Hauswein (vino de la casa) und Wasser umfasst. Spanier trinken nach dem Essen gern einen Kaffee und/oder einen chupito (Kognak, Likör). Wundern Sie sich also nicht, wenn Sie danach gefragt werden. „Zahlen" (pagar) zu rufen, wenn man es möchte, ist unüblich. Sie sollten besser sagen: „La cuenta, por favor" (die Rechnung, bitte). Man zahlt die gewünschte Summe und lässt bei Gefallen etwa fünf bis zehn Prozent Trinkgeld auf dem Tisch liegen.

Tapas

Diese leckeren Appetithappen für zwischendurch sind immer dort besonders gut, wo sie von Festland-Spaniern zubereitet werden. Tapas gibt es warm oder kalt, in halben oder ganzen Portionen und in großer Auswahl, wie z.B. Albondigas (Hackbällchen in Soße), Boquerónes (frittierte oder eingelegte Sardellen), Riñónes (Nierchen), Champiñones (Champignons in Knoblauchöl) oder Alas de Pollo (gebratene Hühnerflügel), um nur einige zu nennen. Unkundige bestellen am besten Tapas variadas, eine Auswahl vier oder fünf verschiedener Sorten, und können dann schnell ihre Lieblingstapa herausschmecken.

Tapas – Köstlichkeiten für den kleinen Hunger in reicher Auswahl

Was kommt auf den Tisch?

Eine Besonderheit der spanischen Küche sind die Tapas genannten Häppchen. Sie wurden auf Mallorca durch die vielen Gastarbeiter vom Festland populär und sind für Feriengäste eine gute Möglichkeit, die einheimische Küche zu probieren. Unzählige Fisch-, Fleisch- und Gemüsegerichte werden angeboten. Ebenfalls vom Festland importiert wurde die Paella. Es gibt sie mit Fleisch und/oder mit Fisch bzw. Meeresfrüchten. Das Reispfannengericht wird in Restaurants allerdings erst ab zwei Personen aufgetischt. An Wochenenden sieht man in Einheimischen-Lokalen oft wagenradgroße Pfannen für die meist vielköpfigen Familien.

Ein für Kinder gut geeignetes, typisch spanisches Essen ist die Tortilla, eine Art Omelette. Sozusagen die Basis-Tortilla ist die Espanyola mit Kartoffeln. Andere Varianten sind die Francesa (nur mit Ei), con Queso (mit Käse) oder con Gambas (mit Garnelen). Von allen Fleischsorten essen Mallorquiner am liebsten Lamm, Schwein und Kaninchen sowie Geflügel. Der absolute Renner ist jedoch die Lechona, das Spanferkel vom Grill. Überhaupt hat der Grill vielerorts die eigentliche Küche verdrängt.

Selbstversorgung im Ferienhaus

Familien, die sich im Apartment, Ferienhaus oder in der Finca selbst versorgen, finden in allen Touristenzentren und in den Dörfern Supermärkte ähnlicher Art wie bei uns. Fisch kauft man in Pescaderías, Fleisch in Carnecerías, Brotwaren in Panaderías und auf die Wochenmärkte, die es – auch sonntags – in nahezu jedem Ort gibt, karren die mallorquinischen Bauern zu jeder Jahreszeit die Früchte ihrer Felder. Wochenmärkte finden an folgenden Orten statt: am Montag in Manacor und Calvià, am Dienstag in Alcúdia, Arenal, Artà, Can Picafort und Can Pastilla, am Mittwoch in Andratx, Capdepera, Colònia de Sant Jordi, Llucmajor, Santanyí, Sineu und Vilafranca, am Donnerstag in Campos, Inca und Ses Salines, am Freitag in Alaró (nachmittags), Algaida und Son Servera, am Samstag in Arenal, Sóller, Campos und Cala Rajada sowie am Sonntag in Alcúdia, Felanitx, Sa Pobla, Muro, Pollença, Santa Maria und Valldemossa.

Ungewöhnliche Früchte

Viele Obstsorten, die auf Mallorca wachsen, sind auch in Deutschland bekannt, andere aber fremd. Dazu gehören zum Beispiel die Nísperos, die schon ab April reif sind. Sie haben etwa Pflaumengröße, sind gelborange und schmecken süßsauer. Ihre Haut muss man abziehen.
An die 80 Arten von Feigen wachsen auf der Insel: grüne, gelbe, dunkelblaue, frühe und späte Sorten. Deshalb gibt es ab Juli immer irgendeine frische Feigenart auf den Märkten zu kaufen. Wie eine Orange sieht eine andere Frucht aus: die Khaki, die im September reif ist. Man öffnet die Khaki mit einem Messer und löffelt das Fruchtfleisch heraus. Die Haut sollten Sie nicht mitessen, sie hinterlässt einen pelzigen Geschmack im Mund. Paraguayo nennt sich eine pfirsichähnliche Frucht. Sie ist platter und schmeckt ausgereift und ohne Haut fast noch köstlicher als ein Pfirsich.

Fisch und Meeresfrüchte

Mallorca, meerumschlungen – da erwartet der Gast natürlich eine üppige Fischauswahl. Leider reichen in der Hochsaison die Fänge nicht aus, und so kommt der Fisch auch vom spanischen Festland oder von noch weiter her. Eine Delikatesse ist der Caproig („kaprotsch" gesprochen), zu Deutsch Knurrhahn. Sein Fleisch schmeckt fast wie Languste, die ihrerseits zu den herausragenden Krustentieren zählt. Lubina (Wolfsbarsch) und Dorada (Goldbrasse) werden gern in einer Salzkruste aufgetischt, die dann vor dem Gast aufgebrochen wird. Egal, ob Rape (Seeteufel), Gallo (Petersfisch), Sardina, Sepia (Tintenfisch) oder Gambas (Garnelen) – alles wird in der Regel a la plancha (gegrillt) serviert. Gästekinder mögen am liebsten Calamares a la romana, frittierte Tintenfischringe – die sind nämlich fast wie Fischstäbchen! „Bon profit" oder guten Appetit!

„Salud" mit Mallorca-Wein

Spanien ist ein Weinland und Mallorca seit einigen Jahren auch wieder. Vollmundige Rotweine kommen aus den Bodegas José L. Ferrer in Binissalem (z.B. Franja Roja), gute Weißweine aus den Bodegas Miquel Oliver in Petra, Jaume Mesquida in Porreres oder Macia Batle in Santa Maria. Natürlich bieten Supermärkte wie Restaurants auch ein großes Sortiment an Festlandsweinen aus Rioja, Katalonien oder Navarra.

Strände für jeden Geschmack

An die 180 Strände mit insgesamt 50 Kilometern säumen die Insel, von der Minibucht bis zum Endlos-Strand. Die unentdeckte Badebucht gibt es zwar nicht mehr auf Mallorca, wohl aber weniger besuchte Badeplätze, die man sich zumeist mit einem kleinen Fußmarsch erobern muss. Nicht immer zur Freude von Kindern, die das bunte, rummelige Badeleben oft mehr genießen als ihre Eltern. Aber das vielseitige Mallorca hält für jeden Geschmack etwas bereit. Die folgende Strand-Auswahl beginnt im Nordwesten Mallorcas und führt im Uhrzeigersinn um die Insel.

Cala Molins in Cala Sant Vicenç

Zwar ist er klein, der Sandstrand in der Cala Molins – aber gerade deshalb sehr gut überschaubar für Eltern von kleineren Kindern. Die Cala Molins ist eine der wenigen Sandbuchten an der wilden und gebirgigen Norwestküste der Insel. Bei ruhiger See schimmert das Meer blautürkis und gibt herrliche Schnorchel- und Tauchgründe frei, bei starken Stürmen verwandelt sich die Bucht in ein Stückchen Bretagne: Haushohe Wellen brechen dann über die Klippen rechts und links der Bucht. An solchen Tagen weht natürlich die rote Flagge und signalisiert Badeverbot. Meist ist es jedoch ruhig an dieser beschaulichen kleinen Familienbucht. In der Strandbar wird in den Sommermonaten ein gutes

Büfett serviert – das ist praktisch, weil man im Badeanzug direkt am Meer essen kann. Bei allem hat man immer den Cavall Bernat im Blick, ein senkrecht aus dem Meer ragendes Bergmassiv, das je nach Tageszeit wie ein Chamäleon seine Farbe wechselt: vom morgendlichen Tiefschwarz über mittägliches Ocker bis zum feuerroten „Alpenglühen" am Abend – ein wahrer Zauberberg!

Lage: von Pollença im Inselnorden 7 km in Richtung Norden (Straße nach Port de Pollença, ausgeschildert). Man fährt zuerst auf die Cala Barques zu, an den Hotels „Don Pedro" und „Simar" vorbei und wieder hinunter ans Meer und hat die Cala Molins zur Linken.
Ein großer kostenfreier Parkplatz befindet sich hinter der Bucht.

Badía d'Alcúdia: Platja de Muro, Son Bauló, Son Serra de Marina

Die schönste und größte Badebucht Mallorcas ist die Badía d'Alcúdia im Norden der Insel. Allerdings ist es nicht überall an diesem etwa 18 Kilometer langen Sandstrand gleich schön: Von Port d'Alcúdia bis zum Naturpark von S'Albufera säumt den sehr breiten Strand eine lückenlose Bebauung von Hotelkomplexen. Danach beginnt die **Platja de Muro**, deren vier Kilometer langer Sandstrand nicht mehr so dicht bebaut ist. Hier dünnen die Liegestuhlreihen aus und es ist noch ein gutes Stück des ursprünglichen Dünen- und Kieferngürtels erhalten. In der gesamten Bucht von Alcúdia bleibt das Meer bis weit hinaus flach – für Kinder genau das Richtige, denn sie können hier herrlich im und am Wasser spielen, ohne den Grund unter den Füßen zu verlieren. Auch für Surfer ist die Bucht bestens geeignet. Vor allem Anfänger schätzen das seichte Wasser in Strandnähe und die Winde, die in der Regel nicht allzu stark sind.

Jede Menge Platz

Wer's richtig einsam liebt, dem seien zwei Strände in der Bucht von Alcúdia empfohlen, die noch weiter in Richtung Artà liegen. Der erste liegt hinter Can Picafort, wo die erst felsige Küste in einen naturbelassenen Sandstrand übergeht. Das Hinterland bietet mit seinen Dünen Spielplätze noch und noch, und

> ## Strandentdeckungen
> *Kleine Burgenbauer finden am Strand von Son Serra de Marina jede Menge Muscheln und tolles Strandgut, mit dem sie ihrer kreativen Fantasie freien Lauf lassen können. Die herrlich duftenden weißen Strandlilien bieten sich zwar als Verzierung an, da sie aber unter Naturschutz stehen, sollten sie auf keinen Fall gepflückt werden. Und wie wär's mal mit einer Algenschlacht? Am Strandanfang gibt's übrigens Eis und andere Erfrischungen im Strandrestaurant.*

die nächsten Eisbuden und Restaurants sind mit dem Strandabschnitt von **Son Bauló** auch nicht weit. Für die Eltern reizvoll könnte eine kleine Strandwanderung bis zur Nekropolis von Son Real sein, die man nach etwa einer Viertelstunde in Richtung Süden erreicht. Wichtig ist hier bei allen Unternehmungen eine Kopfbedeckung, weil kaum ein Baum oder Strauch Schatten spendet.

Weit und einsam

Der zweite heiße Strandtipp für Einsamkeitsliebende liegt etwas weiter südöstlich und heißt **Son Serra de Marina**: Auf einer Länge von drei Kilometern völlig unbebaut, weiß und weit und von Algen und Dünen gesäumt liegt er da. Ein

Einsame Weite am Strand von Son Serra de Marina

Naturschutzgebiet ohne jeden Hotelbau. Kein Baum, kein Strauch verstellt den Weitblick und ganz, ganz hinten, am Ende des Strandes, trifft man sogar auf Nackedeis, die hier geduldet werden. Die Brandung am Dünenstrand von Son Serra de Marina kann jedoch bei Nordostwind heftig sein; da der Strand vollkommen unbewacht ist, sollten Eltern ihre badenden Kinder an stürmischen Tagen besonders im Auge behalten.

*Lage: **Badía d'Alcúdia:** 18 km Sandstrand. **Strandabschnitt Son Bauló–Colónia de Son Serra:** Can Picafort am Kreisel in Richtung Son Bauló. Dort am Strand parken und 500 m in Richtung Süden. 3 km Naturküste mit Klippen und Sand. **Strandabschnitt Son Serra de Marina–Colònia de Sant Pere:** Bei km 14,3 links ab von der Landstraße Can Picafort–Artà. 3 km unbebauter Sandstrand.*

Cala de Sa Mesquida

Er ist weiß, ein bisschen körnig und bildschön: der Sand in der Mesquida-Bucht im Nordosten der Insel. Das wunderbare Gelände lädt nicht nur Kinder zum ausgelassenen Spielen und Toben ein. Zwar ist die **Cala** **Mesquida** schätzungsweise nicht breiter als 500 m, sie erstreckt sich jedoch etwa einen Kilometer weit ins Landesinnere hinein. Die Dünenlandschaft erinnert hier an Nordseestrände.

Begrenzt wird die Bucht auf der linken Seite von einer kleinen Ansiedlung mit einigen Apartmenthäusern und einem guten Dutzend Restaurants und Bars. Rechts geht der Strand in eine baumlose Felslandschaft über. Der Einstieg ins Meer ist schön flach und ohne Steine, also absolut kinderfreundlich. Bei Südwinden gleicht das Meer einem spiegelglatten See, bei Nordostwinden kann es manchmal auch Wellen mit Brandung geben. Surfer dürfen sich also über ein abwechslungsreiches Revier freuen. Direkt am Strand versorgt eine Cafeteria die hungrigen Mägen. Hinter dem Strand liegt ein großer Kiefernwald. Dort kann man Reitpferde mieten und für etwa 10 Euro eine Stunde in Begleitung reiten. Zwar ist das kein unbeschränktes Ausreitvergnügen, aber immerhin eine gute Möglichkeit, mit dem „Glück der Erde" Bekanntschaft zu machen.

Lage: Die Cala Mesquida liegt am Ende einer 6 km langen Straße, die kurz vor Capdepera in Richtung Norden abzweigt (ausgeschildert).

Platja de Canyamel

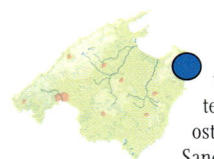 Ganz nah bei den Tropfsteinhöhlen von Artà (siehe Kasten rechts) im Nordosten der Insel liegt ein Sandstrand, der zwar nicht so weiß und feinsandig ist wie viele andere hier, aber dennoch reizvoll für einen ausgiebigen Strandtag: die **Platja de Canyamel**. Der Einstieg ins Meer ist nahezu felsenfrei und relativ sanft und hier herrscht kein Gedränge, auch wenn hinter dem Sandstreifen Hotel- und Apartmentanlagen stehen.

Für Kinder interessant ist der Torrent, der Trockenbach, der je nach Jahreszeit und Trockenheit mal mehr, mal weniger Wasser führt. Er ist von Bambus umrahmt und gibt Enten und anderen Wasserbewohnern ein Zuhause. Mehrere Cafeterias direkt am Strand und viele weitere in der Ansiedlung dahinter stehen für den Hunger zwischendruch bereit. Links oberhalb des etwa 600 Meter breiten Strandes bietet das Restaurant des Hostal (Hotel) „Cuevas" gute mallorquinische Küche, gepaart mit einem herrlichen Blick aufs Meer.

Lage: Die Zufahrtstraße zur Cala Canyamel zweigt von der Landstraße Son Servera–Capdepera ab.

> ## Tropfsteinhöhlen
> *Nur einen Steinwurf entfernt von der Platja de Canyamel liegen die **Coves d'Artà**, die Tropfsteinhöhlen von Artà. Leider kann man nicht an der Küste entlang direkt zu den Höhlen gelangen, sondern muss wieder zurück auf die Landstraße Son Servera–Capdepera (ausgeschildert). Wer die Höhlen noch nicht gesehen hat, kann das mit einem Tag an diesem Strand verbinden (Beschreibung der Höhlen siehe auch S. 46).*

Cala Millor und Sa Coma

Cala Millor hat nicht nur den längsten Sandstrand an der Ostküste Mallorcas (ca. 3 km), sondern auch den schönsten. Weiß, fein und ziemlich breit, ist er zudem sehr kinderfreundlich: kaum von Steinen oder Felsen unterbrochen und mit sanftem Einstieg ins Meer. Allerdings bilden die Hotel- und Apartmentanlagen eine geschlossene Front zum Hinterland, und das ist nicht jedermanns Geschmack. Kindern ist das jedoch in der Regel egal – sie interessiert weit mehr, was es alles an spannenden Dingen zu erleben gibt. Und davon hat Cala Millor besonders viel zu bieten. Zum Beispiel eine verkehrsfreie Strandpromenade mit vielen Palmen, Sträuchern und Blumen.

> ### Drachenhöhlen
> *Die größte aller entdeckten Inselhöhlen ist zugleich auch eine der schönsten und – die beliebteste! Nachwuchsforscher kommen deshalb am besten schon vor der morgendlichen Öffnungszeit, damit sie nicht ewig lange anstehen müssen. Auf dem größten unterirdischen See der Welt findet dann ein kitschig-schönes, farbiges Spektakel mit Musik statt. Alle Besucher unternehmen eine kleine Bootstour, vorbei an fantastischen Tropfsteingebilden.*
> ***Coves del Drac**, am südl. Ortsrand von Porto Cristo (ausgeschildert). Führungen: Im Sommer 10-17 Uhr jede volle Stunde, im Winter 10.45, 12, 14, 15.30 u. 16.30 Uhr, Erw. € 9,50, Kinder bis 7 J. frei. Tel. 971 82 07 53.*

Durchgestyltes und gut organisiertes Strandleben in der Cala Millor

Im Ort und am Strand sind es aber vor allem die spannenden Aktivitäten, die nicht nur Kinderherzen höher schlagen lassen: Fallschirmsegeln, Tretboot- und Surfbrett-Verleih, Reiten auf Pferd und Esel, alle Arten von fahrbaren Untersätzen für eine, zwei, vier oder sechs Personen, Rollerblades, Gokart-Bahn, Minigolf. Und auch in der Umgebung von Cala Millor gibt es Attraktives zu entdecken: die Afrika-Safari (siehe „Attraktionen", Seite 95) z.B. und die Drachenhöhlen von Porto Cristo (siehe Kasten).

Der Strand von **Sa Coma** schließt sich hinter der kleinen Felsnase Punta de Amer an und hat noch einmal ein, zwei Kilometer herrlich feinen und weißen Sand zu bieten. Hier wie auch in Cala Millor fühlen sich all jene wohl, die die Weite eines offenen Strandes einer engen, durch Felsen begrenzten Bucht vorziehen. In beiden Fällen handelt es sich jedoch nicht um naturbelassene, sondern um stark bebaute Strände mit der gesamten Palette an Freizeiteinrichtungen, die heutzutage in modernen Badeorten angesagt sind. Dafür gibt es hier aber auch öffentliche Duschen und Toiletten.

Lage: Platja de Cala Millor: 3,5 km von Son Servera Richtung Südosten (ausgeschildert).
Platja de Sa Coma: 7 km von Porto Cristo Richtung San Servera.

Cala Mondragó und Cala S'Amarador

Eine der schönsten Naturstrandbuchten im Südosten der Insel ist die **Cala Mondragó**, die so ganz dem Traumbild von Sonne, Sand und Meer entspricht: feiner hellgelber Sand, türkisblaues Meer und grüne Kiefernwälder im Hinterland. 1992 wurden Bucht und Hinterland zum Naturpark erklärt und stehen seitdem unter Naturschutz, werden aber alljährlich von wahren Besuchermassen heimgesucht. Schon denkt man über ein Eintrittsgeld für Park und Strand nach. Genau genommen sind es zwei Buchten, die aber durch einen Fußweg entlang der Klippen miteinander verbunden sind. Die erste und eigentliche Mondragó-Bucht wird auch von Tagesgästen auf Ausflugsdampfern von der strandlosen Cala Figuera oder von der Cala d'Or aus besucht und ist entsprechend bevölkert. Außerdem ist sie direkt mit dem Auto zu

Traumhaftes Badewasser in der lauschigen Cala Mondragó

erreichen. Und schließlich gibt es an ihr auch ein kleines Hotel aus den Gründerjahren und mehrere Strandrestaurants.

Langer Weg zum Traumstrand

Die zweite, zurückliegende Bucht, die **Cala S'Amarador**, ist wesentlich leerer. Die Straße endet nämlich gut 500 Meter vor dem Strand und man muss den Weg durch den Pinienwald zu Fuß bewältigen, begleitet von einem ohrenbetäubenden Zikadenkonzert. Diese Mühe wird mit einer Traumbucht belohnt, mit mehr Platz als am Hauptstrand und mit viel Spielraum für Kinder am Meer und in den Pinienhainen. In beiden Buchten ist der Einstieg ins Wasser flach und unproblematisch.

Lage: Cala Mondragó: 5 km von Santanyí, 6 km von Alquéria Blanca. Cala S'Amarador: Ab Santanyí ausgeschildert, am Ende der Straße (Parkplatz) beginnt der Fußweg.

Cala Santanyí und Cala Figuera

Weiß, Türkis und Grün – das sind die Farben der **Cala Santanyí**. Eine ideale Familienbucht, weil überschaubar und bilderbuchschön. Zwar dürfte die Wasserlinie des feinen, weißen Strandes kaum mehr als 300 Meter messen, landeinwärts geht er ziemlich in die Tiefe. Deshalb ist hier auch für später kommende Tagesgäste noch genug Platz unter der Sonne, selbst in der Hochsaison. Drei Cafeterias mit dem üblichen Imbiss-Angebot liegen direkt am Strand. Nur ein gutes Dutzend Hotel- und Apartmentbauten säumt die Bucht, direkt am Wasser stehen weiß-grün gestrichene Häuschen und Bootsschuppen. Ein romantisches Bild für die Erwachsenen und ein fabelhaftes Areal für kindliche Entdeckerfreuden. Da lässt es sich gut kleinen Fischchen zuschauen, die bis an die Bootsstege heranschwimmen, da macht es Spaß, auf schmalen Uferpfaden auf die Pirsch zu gehen.

Tretboote

In der Cala Santanyí werden Tretboote vermietet, mit denen man aufs Meer hinausfahren kann. Es lohnt sich unbedingt, (mit Papas oder Mamas Trethilfe!) rechts um die Felsnase herumzustrampeln. Dahinter versteckt sich Es Pontas, ein riesiges Felsentor, das aus dem Meer „wächst" und durch das man mit dem Tretboot fahren kann. Ein eindrucksvoller Spaß! Toll ist auch der Blick auf Es Pontas von der rechten Steilküste hinab (aber nicht ohne Eltern!).

In der Schatztruhe des Meeres wühlen

Der Einstieg ins Meer ist flach und ausschließlich sandig, das heißt also sehr kinderfreundlich. Rechts und links der Bucht, da wo Felsen das Wasser begren-

Ein Herz für Kinder

Im vier Kilometer von Santanyí entfernten Weiler Es Llombarts hatte ein Schweizer Gastwirtspaar eine tolle Idee: Es bietet eine kleine Extrakarte für Kinder mit fünf Gerichten und einer Seite zum Ausmalen an, dazu Buntstifte. Schon geben die Kleinen Ruhe und Papa und Mama können relaxen. Unter der rosa blühenden Pergola über der Dachterrasse fällt das leicht. Und beim leckeren Essen noch leichter ... **La Pergola**, *C/. Major, 13, Di Ruhetag.*

zen, können Sie herrlich schnorcheln. Und was es unter Wasser zu entdecken gibt, ist ganz schön spannend: farbenfrohe oder seltsame Fische und anderes Meeresgetier. Dort herumzustöbern, mal genau zu schauen, was da alles so lebt, lohnt allemal: winzige Einsiedlerkrebse in ihren Häuschen, Schwärme kleinster Fische, die im klaren Wasser gut auszumachen sind, Salzkristalle in vom Meer ausgelaugten Felsmulden, Seeigel (Vorsicht, nicht drauftreten!), Muschel- und Schneckenhäuser und manchmal das kalkweiße Rückgrat der Sepias (Tintenfische). Auf diese Entdeckungstouren sollten die kleinen Forscher aber besser nicht barfuß gehen: Die scharfkantigen Felsen können ganz schön wehtun!

Eine bilderbuchschöne Familienbucht: Cala Santanyí

Hafenkulisse

Von hier aus keine drei Kilometer entfernt liegt der zauberhafte Hafen von **Cala Figuera**. Er war bereits in der ZDF-Serie „Hotel Paradies" zu sehen und ist weit mehr als nur Kulisse.

Man kann direkt an der Hafenmole entlangschlendern und den Fischern beim Netzeflicken zuschauen. Spannend wird es, wenn gegen Abend die Kutter mit ihrem Fang anlegen. Dann bekommen auch Urlauberfamilien leibhaftig zu Gesicht, was sie vielleicht auf ihrem Abendbrotteller wiederfinden: frische Fische und Meeresfrüchte. Der beste Beobachtungsposten ist die „Bon Bar" oberhalb des Hafens. Dort gibt's herrliche Eisbecher, Milchmixgetränke und Torten – das Tollste aber sind die postres, die Nachspeisen, auf die das hübsche Terrassenlokal spezialisiert ist.

Lage: Cala Santaní: 3,5 km südlich von Santaní.
Cala Figuera: 5,5 km südlich von Santaní.

Cala de S'Amunia und Cala de Sa Comuna

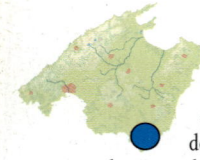

Eigentlich gehören diese beiden kleinen, sehr versteckten calas (Buchten) nicht so recht in die Rubrik der kinderfreundlichen Strände. Sie sind jedoch so schön, dass sie zumindest all den Familien zu empfehlen sind, die Spaß am Entdecken haben.

Versteckte Buchten

Die beiden kleinen Buchten sind zwar auf gängigen Straßenkarten verzeichnet, mit dem Auto jedoch nicht direkt zu erreichen. In der kleinen Ansiedlung oberhalb der Meeresküste können Sie das Auto parken und über verschiedene steile Treppengassen in die Bucht hinabsteigen: für den Hinweg kein Problem, zurück natürlich etwas beschwerlicher, wenn die kleinen Beine viel geschwommen und gelaufen sind. Aber was es da unten zu sehen und zu entdecken gibt, lohnt alle Mühe. Die Bucht von **S'Amunia** mit dem kleinen, feinen Strandabschnitt könnte man getrost als eines der letzten Paradiese der Insel bezeichnen.

Abgeschiedenes Dorf

Über einen Pfad entlang der Felsküste erreichen Sie das postkartenschöne Dorf direkt am Meer, das eigentlich nicht mehr als eine idyllische Ansammlung einer Handvoll ockerfarbener Häuschen ist, versehen mit einem Bootssteg. Wer dort wohnt, hat kein fließendes Wasser und kein elektrisches Licht. Über diesem Dörfchen erhebt sich ein Berg, zu dessen Füßen sich ein Fußweg durch die Macchia-Landschaft windet und zur kleinen Sandbucht von **Sa Comuna** führt. Für beide Calas gilt: Es gibt nichts, aber auch gar nichts dort unten zu kaufen,

Fischer im malerischen Hafen in der Cala Figuera

weder Eis noch Mineralwasser. Wer hierher kommt, muss sich also auf ein Strandpicknick vorbereiten. Ein romantischeres Plätzchen dafür gibt es allerdings auf der Insel kaum.

Lage: Cala de S'Amunia: 4 km südlich von Llombarts. Anfahrt über Santanyí in Richtung Ses Salines, bei Llombarts in Richtung Meer. Ab hier ist die Cala de S'Amunia bis zur kleinen Ansiedlung oberhalb der Küste ausgeschildert. In der Ortskurve, links neben einem Privathaus, ermöglicht eine Treppe den Zugang zum Strand. *Cala de Sa Comuna: von Cala de S' Amunia nach 20-minütigem Fußmarsch in nordöstlicher Richtung.*

Cala Pi

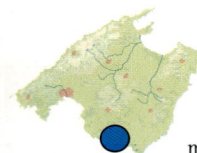

Ganz so idyllisch wie früher ist diese fjordähnliche, tief eingeschnittene Bucht heutzutage leider nicht mehr – so sollte man sie

Ruinenstadt

Nur fünf Kilometer zurück in Richtung Llucmajor liegt Capocorb Vell, die größte prähistorische Steinbauten-Siedlung Mallorcas, eine Talaiot-Siedlung – genauer gesagt, deren Überreste. Für alle, die an der Inselgeschichte interessiert sind, ist Capocorb Vell einen Abstecher wert, auch wenn es zur Erläuterung nur ein deutschsprachiges Infoblatt und keine Führung gibt (Fr-Mi 10-16.30 Uhr). **Poblado Prehistórico Capocorb Vell***, bei km 23 an der Landstraße Llucmajor–Cap Blanc, Tel. 971 18 01 55. Tägl. 10-17 Uhr, Erw. € 2, Kinder unter 8 J. frei, siehe auch Kapitel „Geschichte", S. 120).*

Überreste der Siedlung Capocorb Vell aus der Bronzezeit

im Juli und August eher meiden und den unzähligen Jachtbesitzern überlassen, die dann vor ihr ankern. In den übrigen Monaten ist die weiße, feinsandige Badebucht jedoch noch wirklich das, wovon viele Urlauber träumen: türkisfarbenes Wasser, umrahmt von ockerfarbenen Felsen und mit grünen Aleppokiefern bewachsen, ein paar Fischerboote am Steg und ihre Schuppen am Rande – einfach bildschön!

Meerblick vom Piratenturm

Oberhalb der Bucht führt ein schmaler Pfad zum Talaia, dem alten Wachturm aus Piratenzeiten. Von hier aus hat man einen herrlichen Weitblick übers Meer und wird angenehm umfächelt von einer kühlen Brise. Im Terrassen-Restaurant „Miguel" kann man mit einer Sangria für die Großen und einem Eis für den Nachwuchs den Badetag ausklingen lassen. Und wer sich am Strand noch nicht ausgetobt hat, kann es hier auf dem kleinen Kinderspielplatz nachholen.

Lage: 16 km südlich von Llucmajor (Beschilderung folgen). Zugang zum Strand über Treppen.

Platja d'es Trenc und Platja d'els Dolç

Diese Platja (Strand) ist das „Schneeweißchen" unter den Stränden Mallorcas, der berühmte naturgeschützte, etwa fünf Kilometer lange Strand von **Es Trenc**, unten im heißen Süden. So weiß und feinsandig ist kaum ein anderer. Dazu kommen Dünen, die an Nordsee-Strände erinnern. An kaum einem anderen Strand ist das Meer so karibisch türkisblau, der Einstieg so kinderfreundlich sanft und das Wasser so wohlig warm.

Karibik-Feeling am Es-Trenc-Strand, dem „Schneeweißchen" Mallorcas

Noch ist es ruhig an der Platja d'es Trenc

Gedränge im Paradies

Es könnte also ein reines Paradies sein, hätten sich die Qualitäten von „Schneeweißchen" nicht so sehr herumgesprochen. Mit anderen Worten: An heißen Sommertagen wimmelt es von Menschen, an Wochenenden, wenn auch mallorquinische Familien frei haben, sieht man vor lauter Menschen, Liegen, Sonnenschirmen, Luftmatratzen und anderem Wasserspielzeug kaum den Sand und das Wasser. Also: heiße Sommerwochenenden meiden.

Nach Westen hin, wo der Es Trenc-Strand weniger kunterbunt ausschaut und die Liegen nicht mehr dicht an dicht stehen, ist übrigens das Paradies der Nacktbader. Hier tummeln sich genauso viele Spanier sine sine („ohne nichts") wie Ausländer.

Abseits vom Rummel

Ein ganz anderes Ambiente erwartet Sie auf der anderen Seite von Colònia de Sant Jordi an der **Platja d'els Dolç**. Da viele Urlauber den unvermeidlichen Fußmarsch dorthin scheuen, ist der Strand nicht so stark besucht wie Es Trenc. Der Dolç-Strand grenzt an den Privatbesitz der einflussreichen Familie March, und weil die Señora keine Nackedeis mag, ist hier FKK verboten. Dafür ist der Blick von hier zur vorgelagerten Insel Cabrera (siehe S. 61) genauso schön und der Sand blütenweiß, wenn der Strand auch „nur" knapp einen Kilometer lang ist. Man sollte Proviant mitnehmen, da es nur einen Kiosk gibt.

Lage: Platja d'es Trenc: zwischen Sa Ràpita und Colònia de Sant Jordi, 10 km südlich von Campos. Parkplätze sind gebührenpflichtig (€ 10).
Platja d'els Dolç: von Colònia de Sant Jordi nur zu Fuß in ca. 15 Min. zu erreichen. Der Weg verläuft vom Hafen aus und hinter dem Hotel „Es Turó" ostwärts.

Platja de Palma

Die Bucht von Palma, die mit ihren Ausmaßen im Mittelmeerraum ihresgleichen sucht, viel geschmäht wegen des Ballermann 6 und unter dem Stichwort „Arenal" als Inbegriff des Massentourismus in aller Munde, hat es schwer, von integeren Menschen ernst genommen zu werden. Und das ist schade.

Denn im Rahmen ihrer Verschönerungsaktionen hat die Inselregierung viel Geld und Mühe in diesen Teil Mallorcas gesteckt – und was dabei herausgekommen ist, kann sich wirklich sehen lassen: viele Kilometer hellgelber, breiter Sandstrand vom Feinsten, 15 Balnearios (Strandabschnitte) mit Cafés und sanitären Einrichtungen wie Duschen, Toiletten etc.

Wer die Platja de Palma noch von früher kennt, wird erstaunt sein über die Veränderung, die diese Bucht erfahren hat. Wo ehemals eine stark befahrene Straße für Abgase, Lärm und Unfälle sorgte, lädt

Hotelburgen säumen die Buch von Palma bei Arenal

heute eine kilometerlange Promenade zwischen Strand und Hotelfront zum Schlendern ein, kutschieren lediglich Ferien-Vehikel auf zwei und mehr

Buddeln, sonnen, planschen – am Strand gibt's keine Langeweile

Was macht die Wurst im Meer?

Auf Mallorca, speziell am Strand von Palma, lässt man sich für den Spaß im Wasser immer wieder neue Dinge einfallen – Vehikel, die für Kids, Youngster und jung gebliebene Erwachsene ein Heidenspaß sind. Ein Ritt zu sechst oder zu acht auf der Riesenbanane, -wurst oder -nudel ist „in". Zum Wellenreiten hat sich mittlerweile das Kite-Surfen gesellt: mit Brett und Drachen über die Wellen fliegen. Der Anfängerkurs kostet € 69, der Kurs für Fortgeschrittene € 299. Neben Wasserskilaufen kann man auch am Parachute, einem vom Boot gezogenen Gleitschirm, in die Luft gehen. Und schließlich hat das gute alte Tretboot einen großen Bruder bekommen, auf dem sieben bis acht Leute sitzen können.

Rädern, Pferdedroschken und eine elektrische Bummelbahn, der tren turistic, der die Balnearios von Can Pastilla bis Arenal miteinander verbindet.
Freizeittipp: Zwischen Balneario 4 und 5 liegt eine toller Minigolfplatz inmitten einer hübsch blühenden Gartenanlage (siehe auch „Attraktionen", S. 98).

Lage: *zwischen Can Pastilla und Es Arenal. Über drei Abfahrten der Autobahn Palma–Santanyí zu erreichen; der Beschilderung folgen.*

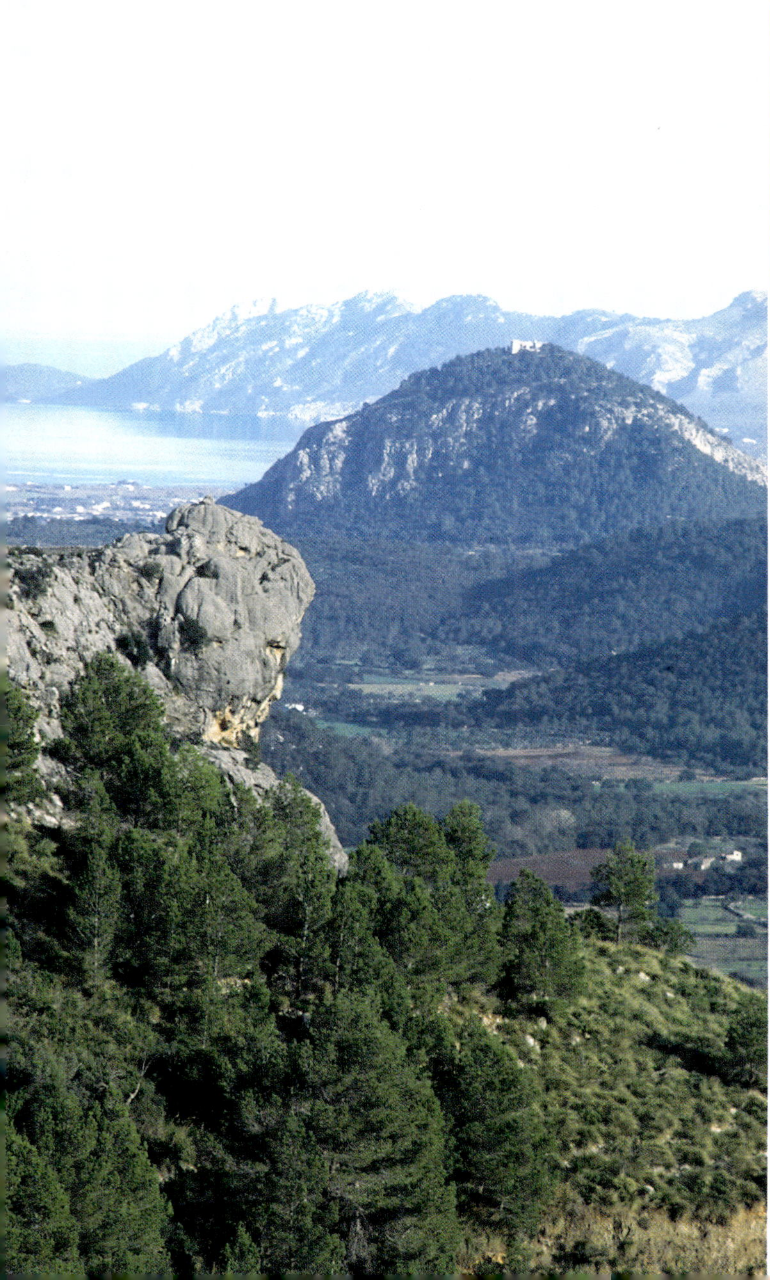

ZEHN TOUREN, DIE ALLEN SPASS MACHEN

Tour 1: Zur Piratenbucht

Pollença • Halbinsel Formentor • Cala Sant Vicenç

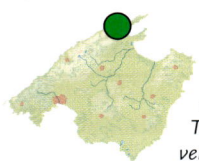

Wo: im äußersten Norden der Insel – Wie: mit dem Auto und zu Fuß – Dauer: Tagesausflug – Nicht vergessen: feste Wanderschuhe, Badezeug und -schuhe, evtl. Verpflegung

Mallorca zu besuchen und Formentor nicht zu sehen, wäre wie ein i ohne Tüpfelchen. Deshalb schlagen wir diese Tour vor, die kleine Fußmärsche verlangt, aber – je nach Jahreszeit – auch Bade- und Picknickfreuden beschert. Wenn Sie unterwegs nicht einkehren möchten, nehmen Sie sich Lunchpakete mit. Taucherbrille und Flossen für Schnorchler nicht vergessen! Für (kleine) Leute mit empfindlichen Mägen gibt's eine Ausweichtour in die Cala Sant Vicenç mit Bade-, Gaumen- und Abenteuerfreuden.

Auf den Kalvarienberg

Los geht's in **Pollença**, einem Landstädtchen mit einer langen Geschichte. Von ihr zeugt die **Pont Romà**, die Römische Brücke, aus der Zeit, in der die Stadt noch Pollentia hieß und 15 Kilometer weiter östlich lag. Die doppelbogige Brücke führt über den Torrent (Trockenbach) Sant Jordí [am westlichen Ortsrand an der Landstraße nach Lluc].
Wenn Sie die Landstraße ein kleines Stück weiter in Richtung Lluc fahren, kommen Sie zu einem der Ortseingänge von Pollença. Folgen Sie dem Weg, dann führt Sie das Schild „Calvari" zu einer

der Hauptattraktionen dieses Ortes. In engen Serpentinen müht sich die Straße nach oben, und zwölf große Steinkreuze künden von der Bedeutung dieses Hügels: Es ist Pollenças Kalvarienberg.
Am Karfreitag in der Semana Santa (Heilige Woche) wird vor der kleinen **Wallfahrtskapelle** [im Sommer von 10 Uhr bis Sonnenuntergang geöffnet] auf dem Gipfel des Berges die Kreuzabnahme Christi nachvollzogen und die Christusfigur von Büßern in einer stummen Prozession den Berg hinab ins Dorf getragen (siehe auch S. 115).
Wenn im Sommer die Kapelle, zu der 365 Stufen führen, geöffnet ist, können Sie im Inneren die Christusfigur und die Kreuze sehen. Der Blick von hier auf den gegenüberliegenden Puig de Maria bis hin zu den Buchten von Pollença und Alcúdia ist genauso umwerfend wie der auf den Treppenberg des Calvari: zypressengesäumt und so ockerfarben wie die Häuser der Stadt zu Ihren Füßen.

Hinab in die Innenstadt

Wie wär's, wenn jetzt einer den Wagen in Richtung Zentrum fährt und die anderen die Treppen hinunterlaufen? Am Marktplatz (Plaça Major) an der mächtigen Pfarrkirche könnten Sie sich wieder treffen. Ein Tipp für den Autofahrer: Folgen Sie unten dem Schild „Centre Vila" und parken Sie schon vor dem eigentlichen Zentrum. Am Hahnenbrunnen vorbei geht's zum in eine Fußgängerzone umgewandelten Hauptplatz, auf dem sonntags Markt ist. Viele ausländische

Marktbesucher kommen hierher. Das sind weniger Urlauber als vielmehr „Residenten", die sich hier ein Haus gekauft haben. Im Übrigen gibt es auf der Insel kaum einen schöneren Marktplatz als das baulich so geschlossene, von Platanen und Restaurants gesäumte „gute Stube" Pollenças.

Ans Meer

Bei warmem Wetter könnten Sie im vier Kilometer entfernten Port de Pollença eine Badepause am künstlich aufgeschütteten Sandstrand rechts vom Jachthafen einlegen. Bei kühlerer Witterung bietet sich ein Bummel auf der Uferpromenade an, die sich links vom Jachthafen bis zum Militärgebiet auf der Halbinsel Formentor erstreckt.

Formentor ist das eigentliche Ziel dieser Tour, dem der Nachmittag gewidmet sein sollte, weil dann die meisten Ausflugsbusse schon weg sind. Vor der Ortseinfahrt nach Port de Pollença ist die Anfahrt zum ersten Pass nach Formentor angezeigt. Nach etwa 20 Minuten Fahrt über die serpentinenreiche Straße durch eine baumlose, steinige Berglandschaft erreichen Sie den Passgipfel. Rechts und links sind die Berghänge übersät mit Palmitos, immergrünen Zwergpalmen. Aus ihren Fasern fertigt man noch heute Körbe, Matten und Stuhlbespannungen.

Den Passgipfel erkennen Sie an den parkenden Autos. Zu Fuß gehen Sie hinauf über Treppen vorbei am Denkmal des Erbauers der schönen Passstraße zum **Aussichtspunkt Mirador d'es Colomer** mit dem Blick auf die kleine Felseninsel Es Colomer, sicher das meistfotografierte Motiv Mallorcas! Umspült ist sie vom tintenblauen Meer – sofern die Sonne scheint –, und nur bei Sonnenschein sollten Sie auch hierher fahren. Formentor ist Natur pur, die ohne Sonne ihren Reiz verliert. Etwas mulmig kann's einem vor diesen Abgründen schon werden, aber der Ausblick ist einmalig [6,5 km von Port de Pollença an der Umgehungsstraße nach Formentor].

Es Colomer, die Felseninsel vor der Halbinsel Formentor

Erdbeerbäume

Von hier oben sieht man schon, wie der Weg weitergeht: erst schlangenförmig bergab durch Kiefernwälder, noch einmal links mit dem Colomer-Blick, später rechts mit Blick auf das Halbrund der Bucht Cala Pi von Formentor mit dem gleichnamigen Nobelhotel. Weiter geht's eine ziemlich gerade Strecke in Richtung Cap Formentor. Rechts und links der Straße wachsen Erdbeerbäume. Im Winter tragen sie knallrote Früchte, die wie Erdbeeren aussehen und aus denen man früher Marmelade kochte. An ein und demselben Baum entdeckt man oft gleichzeitig weiße Blütenrispen, unreife gelbe und leuchtend rote Früchte.
Bei Kilometer 13 gibt's einen Parkplatz. Von hier sollten Sie durch einen schattigen Kiefernwald zur smaragdgrünen **Cala Figuera** hinuntermarschieren (nicht zu verwechseln mit der gleichnamigen Bucht im Inselsüden!). Nach ca. 20 Minuten endet der Weg in einer baumlosen Kieselsteinbucht. Kein Haus, nur ein paar Fischerboote in Bretterverschlägen, herrliches Wasser und viel Strandgut erwartet Sie – ein wunderbarer Platz für eine Badepause. Gestärkt und erfrischt schaffen Sie dann spielend den Rückweg, der jetzt natürlich bergan geht.

Am Ende der Welt

Sie könnten noch weiterfahren bis zum Ende der Straße und damit auch bis ans Ende der Insel. Aber das Cap Formentor lohnt landschaftlich wenig. Empfehlenswerter ist die Rückfahrt zum ersten Aussichtspunkt (mirador), von wo sich eine schmale, steile Straße hinaufschlängelt zum **Talaia d'Albercutx**. Talaias sind Wachttürme, die im Abstand von 50 Kilo-

Pilgerweg auf dem Puig de Maria bei Pollença

Picknick am Piratenstrand
*Die naturbelassene **Cala Figuera** auf Formentor mit ihren Felsklippen macht es einem leicht, sich vorzustellen, wie sich hier früher Piraten und Schmuggler versteckt hielten. Mit ein bisschen Fantasie kann man sich ausmalen, wie sie sich nachts eine Feuerstelle aus Kieselsteinen bauten, um sich zu wärmen und etwas zu braten. Wie wär's mit einem selbst gebauten Grill für mitgebrachte Würstchen oder Koteletts? Angeschwemmtes, trockenes Holz findet sich hier genug. Und an kaum einer anderen Bucht findet man solch schöne, vom Meer geschliffene Kieselsteine wie hier, herrliche Schmeichelsteine zum Sammeln – oder auch zum Bemalen daheim.*

metern rund um die Insel errichtet wurden, als Mallorca von Piraten bedroht war. Tagsüber meldeten die Wächter mit Rauch, nachts mit Feuer sich nähernde Seeräuberschiffe. In diese Talaia kann man sogar hineinklettern.
Auch vom Fuß des Turmes aus wird man belohnt: Es ist der atemberaubendste Rundumblick Mallorcas. Vor allem gegen Abend, wenn die Sonne hinter den Bergketten des Tramuntana-Gebirges versinkt, wenn die Lichter von Port de Pollença und vom fernen Alcúdia funkeln und in noch weiterer Ferne die der Nachbarinsel Menorca. Ein wahrlich krönender Abschluss dieser Nordtour.

Ausweichroute: Nonnenberg und Badespaß
Für sensible Kinder empfiehlt es sich, den Nachmittag etwas ruhiger angehen zu lassen. Vom Kalvarienberg in Pollença sieht man einen Berg gegenüber, den **Puig de Maria**. Er ist der Hausberg von Pollença und mit dem Wagen in Richtung Palma bei Kilometer 51 über eine holprige Fahrstraße zu erreichen. Aber bitte nur bis zur starken Linkskurve fahren (Mauer vor einem Haus) und dort parken. Weiter oben ist die Straße unbefestigt, und der letzte Teil ist nur zu Fuß zu bewältigen. Von den letzten Häusern bis nach oben brauchen Sie – je nach

Ausgetrickst
*Der Legende nach landeten im Jahre 1552 türkische Piraten eines Nachts auf der Halbinsel Formentor. Als Erstes brachten sie den Wächter auf dem **Turm von Albercutx** um, weil der sonst mit Feuerzeichen die Pollençiner gewarnt hätte (den Turm sieht man vom Mirador aus). Die Frauen des Ortes erhitzten in einem riesigen Kessel Wasser und schütteten ihn dann mithilfe ihrer Männer von einem Fenster im Obergeschoss des Turmes auf die Türken, die sich verbrühten. Schon zwei Jahre zuvor gingen die Pollençinerinnen mit ihrer Spinnspindel auf Piraten los: Die hatten solche „Waffen" noch nie gesehen und hielten sie für Wunderwaffen. Entsetzt liefen sie davon.*

Kondition – etwa 30 bis 50 Minuten. Am Ende der Fahrstraße beginnt der alte, kopfsteingepflasterte Pilgerpfad zum Gipfel des Puig de Maria, auf dem noch heute ein **Kloster** steht, in dem Sie einkehren und übernachten können [Ermita de Puig de Maria, Tel. 971 18 41 32, Übernachtung ab € 12]. Irgendwann kommt man an einer Steinerosion vorbei, die aussieht wie ein Thron; die Pollençiner nennen sie „La sillita de Jesús", das „Jesus-Stühlchen". Welches Kind möchte das wohl nicht ausprobieren? Später weist ein Holzschild auf den alten Eremitenweg (Camí dels ermitans) hin; ihn sollte man für den Rückweg wählen.

Klösterliche Einkehr

Oben am Kloster angekommen, lohnt eine kleine Besichtigung, z.B. des ehemaligen Esssaals der Nonnen, der alten Küche, der kleinen Wallfahrtskirche. In der Eingangshalle gibt's ein Glöckchen, mit dem Sie die Verwalter herausläuten können, um Getränke oder Snacks zu kaufen. Draußen laden windgeschützte Steintische und -bänke zur Rast ein. Auch der Panoramablick auf die Buchten von Pollença und Alcúdia, auf die gezackten Berge von Formentor und das Städtchen Pollença ist umwerfend.

Fromme Legende

Es gibt eine schöne Anekdote zum Puig de Maria: Es waren einmal drei fromme Pollençinerinnen, die in einer Höhle gegenüber dem Puig de Maria ein tugendhaftes Einsiedlerleben führten. Eines Nachts sahen sie auf dem Berg gegenüber ein Licht. Sie fanden dort eine Marienfigur, die sie dem Dorfpfarrer bringen wollten. Aber selbst acht Männer

Geheimnisvolles Dunkel

*In **Cala Sant Vicenç** weist gleich am ersten Haus des Ortes rechts ein t-förmiger Stein auf sechs versteckte Höhlen hin, die vermutlich etwa 3.500 Jahre alt sind und in der vortalaiotischen oder Höhlenzeit als Begräbnisort dienten. Man kann in sie hineinkrabbeln: Sehr tief sind sie nicht. Eine Taschenlampe oder ein Feuerzeug tun gute Dienste. Wer ängstlich ist, der nimmt besser Papi und/oder Mami mit. Die müssen aber den Kopf einziehen (Eintritt frei).*

konnten das Figürchen nicht wegschleppen, so schwer wurde es. Man beschloss daraufhin, an dieser Stelle eine Kapelle zu Ehren der Jungfrau Maria zu bauen sowie eine kleine Einsiedelei, in der die drei Frauen mit 17 anderen Pollençinerinnen blieben. 200 Jahre lebten auf dem heiligen Berg von Pollença Nonnen. Erst als die Piratenangriffe immer heftiger wurden, gingen sie nach Palma. Zur Belohnung für den Aufstieg zum Kloster könnte nach dem Abstieg ein Bad in einer der kleinen Sandbuchten von **Cala Sant Vicenç** folgen. Fahren Sie vom Verteilerkreisel bei Pollença in Richtung Port de Pollença. Nach ca. zwei Kilometern führt Sie links ein Schild nach Cala Sant Vicenç. Kurz hinter den ersten Häusern sehen Sie das Meer. Vorbei an der Cala Barques fahren Sie weiter, dem Schild nach, zur Badebucht **Cala Molins** (siehe S. 18) und lassen dort den Tag zu Ende gehen.

Tour 2: Weite Bucht im Norden

Alcúdia • Isla de la Victoria • Port d'Alcúdia

Wo: im Norden der Insel – Wie: mit dem Auto und zu Fuß – Dauer: Tagesausflug – Nicht vergessen: Badezeug und -schuhe – Achtung: Wanderung nicht für Kinder unter sechs Jahren geeignet!

In Mallorcas Norden umrahmen zwei Landzungen die Bucht von Pollença. Die eine ist wild und schön und weltberühmt: Formentor. Die andere ist etwas weniger wild, aber nicht minder schön und viel weniger bekannt: La Victoria. Diese Halbinsel ist Ziel der Auto-Wander-Besichtigungstour mit Ausgangspunkt Alcúdia. Eingeplant ist auch eine Variante per Leihfahrrad in den Naturschutzpark S'Albufera (siehe Kasten S. 40).

Pralles Leben hinter mächtigen Mauern

Das Erste, was Sie von **Alcúdia** zu sehen bekommen, ist die imposante Stadtmauer, die noch immer etwa die Hälfte des 7.000-Seelen-Städtchens umschließt. Vom Auto aus können Sie durch die Stadttore hindurch Einblicke in den Ort erhaschen. Für die **Pfarrkirche Sant Jaume**, die an die Stadtmauer angelehnt ist, sollten Sie parken und sich Zeit nehmen [Sommer: Di-Fr 10-12, zu den Messen Di-Sa 20.30, So 9.30-12.30 Uhr, Winter: nur

Was blieb übrig vom Pollentia der alten Römer?

zu Gottesdienstzeiten Mi, Do, Sa 19.30, So 9.30, 12 u. 19.30 Uhr]. Sie sehen ein schönes Exemplar spanischer Gotik und in der Seitenkapelle mit Kuppel ein beeindruckendes Kruzifix, den Santo Cristo mit Silberkrone, ein Prozessionskreuz, das beim Fest der heiligen Anna am 26. Juli zum Einsatz kommt. Einen Tag vorher feiert Alcúdia übrigens seinen Schutzheiligen Sant Jaume. Dann ist das ganze Städtchen Tage auf den Beinen, um nichts von den bunten Umzügen, von Musik und Tanz zu verpassen. Abgesehen von diesen Tagen können Sie während des ganzen Jahres immer dienstags und sonntags entlang der Stadtmauer den Wochenmarkt erleben: südlich-bunt und trubelig.

Spuren der Vergangenheit

In Alcúdia kommen Sie nicht ganz um Geschichtliches herum. Immerhin war der Ort einmal Hauptstadt des römischen Pollentia, der **Ciutat de Pollentia**,

Zu Fuß oder mit dem Fahrrad durch die Albufera

Gerade in der Vor- oder Nachsaison, wenn's zum Baden zu kühl ist, bietet es sich an, Alcúdia mit einer Wanderung oder Fahrradtour durch Südeuropas größtes Feuchtgebiet, die Albufera, zu verbinden. Entweder fahren Sie mit dem Wagen bis zur Information in den Naturschutzpark hinein (weiter ist nicht erlaubt) oder von Port d'Alcúdia aus in Richtung Can Picafort. Gegenüber der Hotelanlage „Playa de Muro" versteckt sich unter Arkaden ein Fahrradverleih (Bicis, Tel. 971 54 55 93). Dort lassen Sie das Auto stehen und radeln weiter. Gleich hinter der Brücke geht's in den Naturschutzpark hinein und bis zur Information. Wie's weitergeht, ist auf Seite 90 und 91 nachzulesen.

Tapas von Andalusiern

*In Port d'Alcúdia haben sich viele Festland-Spanier niedergelassen. Davon profitieren Einheimische wie Touristen, denn hier gibt es einige exzellente, preiswerte Tapas-Bars wie **Ramón's Tapasbar** und die von seinem Bruder mit dem Namen **Can Punyetes**. Beide liegen in der Fußgängerzone parallel zur verkehrsberuhigten Hafenpromenade. Ramon's, Tel. 971 54 77 15, Mi geschlossen. Punyetes, Tel. 971 54 83 52, Di geschlossen.*

dessen spärliche Reste gegenüber der Kirche am Weg nach Can Picafort zu besichtigen sind. Ein paar Säulen und Grundmauern, wo vor über 2.000 Jahren Tempel und Thermen, Wohnhäuser und öffentliche Bauten, Statuen und Brunnen die Kulisse für ein pulsierendes urbanes Lebens abgaben [Carretera Port d'Alcúdia, Di-Fr 10-16, Sa/So 10.30-13 Uhr, € 2/Pers. inkl. Museu Monogràfic und Teatre Romà]. Bis zum **Teatre Romà**, dem Amphitheater, das Sie noch heute auf dem Weg nach Port d'Alcúdia finden können, muss sich das alte Pollentia

erstreckt haben [Landstraße Alcúdia –
Port d'Alcúdia, bei km 54 rechts kleiner
Fußweg, Eintritt frei]. Das Theater und
die Pont Romà sind übrigens die einzigen baulichen Überreste der Römerzeit
auf Mallorca.

Lohnend, weil didaktisch gut und
ansprechend gemacht, ist das archäologi-
sche Museum in Alcúdia, das **Museu
Monogràfic de Pollentia**. Hier ist der
größte Teil der kunsthistorischen Schät-
ze untergebracht, die man bei Ausgra-
bungen der Ruinenstadt von Pollentia
bisher fand. Neben Funden aus talaioti-
scher und vorrömischer Zeit gibt es
Keramiken, Gegenstände des täglichen
Gebrauchs, Schmuckstücke, Büsten und
vieles mehr aus der römischen Epoche
zu bewundern. Besonders sehenswert ist
das Modell eines römischen Hauses, das
gerade Kindern helfen kann, sich das
einstige, prächtige Pollentia vorzustellen
[C/. Sant Jaume, 30 (bei der Kirche), Tel.
971 54 70 04. Sommer Di-Fr 10-13.30 u.
15.30-17.30, Winter 17-19, Sa/So 10.30-13
Uhr, € 2/Pers. inkl. Ciutat de Pollentia
und Teatre Romà].

Hinauf zur Einsiedelei

Wer keine Lust auf einen Museumsbe-
such hat, fährt gleich weiter in Richtung
Port d'Alcúdia, folgt aber unmittelbar
hinter der Stadtmauer dem Schild „Es
Mal Pas – Ermita de la Victoria". So
heißen Einsiedelei und Restaurant, die
am Ende dieser Wegetappe stehen. Vor-
her führt die Straße durch den hübschen
Villenort Mal Pas mit einem kleinen
Sandstrand, wo Sie sich eine erste
Abkühlung genehmigen können.
Dann geht's weiter durch den Villenort
Bon Aire mit dem Jachthafen. Hier

*Die mächtige Stadtmauer von Alcúdia
umgibt noch heute die Hälfte des Ortes*

haben viele Deutsche Hausbesitz erworben. Durch schattige Kiefernwälder führt die Straße immer entlang der Küste, erst an einem öffentlichen Grillplatz und an einer Reihe kleiner, teils felsiger, teils sandiger Badeplätze vorbei, höher und höher, bis sie an einem großen Parkplatz der **Ermita de la Victoria** endet. Seit 2000 beherbergt es ein kleines **Hotel** [Tel. 971 54 99 12, info@lavictoriahotel.com, www.lavictoriahotel.com. DZ ab € 68, Kinderbett € 6/Tag]. Werfen Sie einen Blick in die für eine Einsiedelei

recht trutzige Kapelle – sie ist vor allem im Hochsommer schön kühl und immer blumengeschmückt. Auch zu ihrem Entstehen gibt es eine hübsche Legende, nach der wieder einmal ein Hirtenjunge eine Marienfigur am Berghang gefunden haben soll. Wieder wurde am Fundort eine Kapelle errichtet. Zweimal stahlen Seeräuber hernach bei Überfällen die Madonnenfigur – aber wunderbarerweise stand die kleine Maria anderntags jedes Mal wieder in der Kapelle! Deshalb heißt sie Nuestra Señora de la Victoria

Blick vom Mirador de Penya Rotja auf die Isla de la Victoria

Kamikaze abwärts

Schon vom Weg von Alcúdia nach Can Picafort aus ist eine Art großes Gerüst zu sehen: Das sind die Kamikaze-Rutschbahnen vom **Hídroparc in Port d'Alcúdia**. *Außer ihnen locken noch viele andere Attraktionen für Kinder und jung gebliebene Erwachsene, wenngleich dieser Wasserpark nicht der attraktivste Mallorcas ist. Er bietet aber eine willkommene Abkühlung bei Hitze (siehe auch S. 87).*

(Sieges-Madonna) – und sie ist noch heute auf dem Altar der Einsiedelei zu bewundern.

Zu Fuß geht's weiter treppauf zum **Restaurant Ermita de la Victoria**. Allein die Terrasse ist diesen Ausflug wert: Der Blick reicht bis zur Halbinsel Formentor, über das weite Halbrund der Bucht von Pollença mit ihren weißen Segelbooten. Deutlich können Sie auf der anderen Seite das berühmte Hotel Formentor erkennen. Da die Restaurant-Terrasse aus einem offenen und einem überdachten Teil besteht, ist dies eigentlich das ganze Jahr über ein idealer Ort am Mittag, zumal auch ein kleiner Kinderspielplatz zum Lokal zählt [Isla de la Victoria, Tel. 971 54 71 73, Di-So 10 Uhr bis Sonnenuntergang].

Mutprobe für Bergsteiger

Vom Restaurant-Parkplatz aus können Sie eine Wanderung unternehmen, sofern Ihr voller Magen nicht revoltiert. Ein Schild weist dort auf den Wanderweg zum „Talaia"; ihm folgen Sie zunächst, um dann nach etwa einer Viertelstunde ziemlich steilen Anstiegs und einer scharfen Rechtskurve dem Holzschild **„Mirador de Penya Rotja"** nach links zu folgen. Es ist ein schmaler Pfad, der sich hoch über dem Meer auf dem Küstenhang durch Gestrüpp und Gebüsch windet. Holzgeländer und Eisenketten helfen beim Festhalten, ein kleiner Tunnel ist zu durchlaufen und kurze Wegabschnitte sind für nicht ganz Schwindelfreie etwas kritisch. Aber mit Papas oder Mamas Hilfe sollte es eigentlich jedes Kind ab sechs Jahren schaffen.

Am Ziel, dem Aussichtsplatz des **Penya Rotja**, hat man einen traumhaften Ausblick auf winzige Sandbuchten an der Spitze der Halbinsel (Militärgebiet), auf die Halbinsel Formentor und an ganz klaren Tagen sogar bis nach Menorca. Für den Rückweg wählt man denselben Weg. Diesmal hat man einen weiten Panoramablick bis zur Bucht von Alcúdia. Für den Hin- und Rückweg sollten Sie etwa 1,5 Stunden rechnen.

Zurück am Parkplatz, geht's mit dem Auto denselben Weg zurück; er wird Ihnen diesmal allerdings ganz neue Blickwinkel auf die Bucht von Pollença eröffnen. Fahren Sie jedoch weiter nach **Port d'Alcúdia**. Am Ortseingang gibt's einen riesigen Parkplatz; lassen Sie dort am besten Ihren Wagen stehen und gehen Sie gegenüber in den Fußgängerbereich des Hafenortes.

Mit einem Bummel auf der breiten und unterhaltsamen Uferpromenade könnte der Ausflugstag enden: da locken nämlich jede Menge Eisbuden und andere Kinderverführungen wie Trampolinspringen und Minikarussells …

Tour 3: Burgberge und Höhlen

Artà • Ermita de Betlem • Capdepera • Coves d'Artà • Canyamel • Cala Rajada

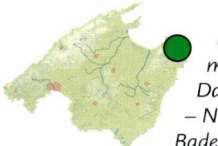

Wo: im Nordosten der Insel – Wie: mit dem Auto – Dauer: Tagesausflug – Nicht vergessen: Badezeug

Zwei Burgen, eine Kirche, eventuell ein kleines Kloster und vor allem eine riesige Tropfsteinhöhle stehen auf dem Programm dieses Tagesausflugs mit dem Auto. Wie immer können Sie Picknicksachen mitnehmen. Auch Badehose und Bikini gehören an heißen Tagen ins Gepäck, denn schöne Strände locken. Einstieg zu dieser Route ist das Landstädtchen **Artà**, der größte Ort im Nordosten der Insel. Es gibt kaum eine Seite, von der Artà nicht fotogen wäre. Die halbrunde, ockerfarbene Stadt auf einem Hügel wird gekrönt von zwei mächtigen Bauten, der trutzigen Pfarrkirche auf halber Höhe und der Burgmauer auf dem Gipfel. Wie man da hinaufkommt? Entweder fahren Sie mit dem Auto immer dem Schild „Santuario de Sant Salvador" nach oder Sie lassen den Wagen an der Plaça Espanya stehen, gehen zu Fuß am Museo Regional d'Artà vorbei hinauf zum schmalen Carrer de Sant Salvador. Automatisch erreichen Sie wenig später die wie eine Bastion wirkende Pfarrkirche, die Sie schon bei der Anfahrt gesehen haben. Von dort führen 180 Stufen hinauf zur **Festung** [Carrer de Sant Salvador, tägl. 10-18 Uhr, Eintritt frei]. Kreuze markieren den Weg: Es han-

delt sich um einen Kalvarienberg, der am Karfreitag Schauplatz einer feierlichen Büßerprozession ist (siehe S. 115).

Erinnerung an einen großen Denker

Vom Kastell ist nicht mehr sehr viel übrig, aber an dem eindrucksvollen Blick von hier oben auf das ockerfarbene Halb-

Der Trick mit dem Nebel

Wieder einmal wollten arabische Seeräuber bei Cala Rajada anlegen, um Capdepera zu erobern. Einwohner und Soldaten flehten die Muttergottes auf dem Burgberg um Hilfe an. Und siehe da: Eine dichte Nebelwand breitete sich aus. Weil die Mauren nichts sehen konnten, drehten sie mit ihren Schiffen um. Als der Nebel sich wieder aufgelöst hatte, versuchten sie erneut zu landen. Aber der Nebel kam sofort zurück. Dreimal passierte das – und dreimal scheiterten die Piraten. Die Leute von Capdepera nannten daraufhin das Madonnenbild „La Esperança", die Hoffnung, und Capdepera wurde – beschützt von der Muttergottes – nie wieder von Piraten zerstört. Das „Wunderbildnis" findet man jetzt in der Pfarrkirche.

Die mächtige Burg beherrscht das Ortsbild von Capdepera

rund der Stadt (6.000 Einw.) mit ihren ziegelroten Dächern hat sich nichts geändert. Mitten im Burghof, am Ziel des Kreuzweges, steht die **Wallfahrtskirche Sant Salvador** [tägl. 10-18 Uhr]. In ihrem Inneren birgt sie zwei riesige Gemälde, die sehr anschaulich ein Stück Inselgeschichte erzählen: rechts, wie der arabische Führer (Wali) die Macht über Mallorca an den siegreichen König Jaume I. übergibt, und links, wie Ramón Llull in Algerien gesteinigt wird.

Vom Diener zum Philosophen

Mallorcas größter Denker und Missionar wurde 1232 als Sohn eines Bediensteten von König Jaume I. geboren. Er kam dadurch in den Genuss höfischer Erziehung und lebte ein ausschweifendes Leben. Bis ihm mit 30 Jahren der gekreuzigte Christus erschien und er sich von allem Weltlichen lossagte. 43-jährig zog Ramón Llull sich auf den Randa-Berg zurück und schrieb insgesamt 260 Bücher theologischen und philosophischen Inhalts. Er gründete in Valldemossa eine Lateinschule und lernte Arabisch, um Muslime zum Christentum bekehren zu können. Die Legende sagt, dass er 1315 oder 1316 in Afrika gesteinigt wurde. Sein Leichnam liegt im Kloster San Francisco in Palma, ein Denkmal von Ramón Llull steht vor der Kathedrale am Paseo Marítimo.

Bärtige Mönche

Vom Kastell von Artà aus lohnt ein Abstecher zu einer der letzten noch bewohnten Einsiedeleien der Insel, zur **Ermita de Betlem** [10 km nordwestlich von Artà. So 13 Uhr Messe in der Klosterkapelle]. Die Straße beginnt am Kastell

Tropfsteinhöhle

*Ganz klein kommt man sich vor in den haushohen Räumen der Tropfsteinhöhlen von Artà. 22 Meter misst die „Königin", eine Tropfsteinsäule, gewachsen in 5.000 Jahren. Der Höhlenführer erzählt, dass der Stein nur einen Zentimeter pro hundert Jahre wächst! Es gibt Säulen, die Musik machen, einen Orgel-, einen Fahnensaal, ein Fegefeuer und ein Musik-Farbspektakel. **Coves d'Artà**, 11,5 km von Artà Richtung Canyamel, tägl. 10-18, Winter bis 17 Uhr, Erw. € 9, Kinder € 4,50.*

von Artà (ausgeschildert). Nach ca. fünf Kilometern Fahrt durch ein verwunschenes Tal windet sich die Straße in schmalen Serpentinen über einen kleinen Pass zum Ziel. Völlig abgeschieden leben die Mönche dort oben am Berg. Will man einen von ihnen zu Gesicht bekommen, kann man auf die Klingel am Kiosk in der Klosterkapelle drücken und „in Gottes Namen" eine Postkarte kaufen. Das Kloster selbst ist nicht zu besichtigen, wohl aber die Kapelle, in der die Mönche sonntags um 13 Uhr die Messe zelebrieren. Ein Schild am Parkplatz weist auf eine Quelle (font) hin, zu der ein Fußweg von ca. 15 Minuten führt. Mit einem großen Löffel darf jeder vom Quellwasser kosten: Man sagt, es verjünge – verführerisch also vor allem für die Eltern. Auf jeden Fall aber ist dieser Ort unter Schatten spendenden Bäumen ein wunderbarer Picknickplatz.

Einmal Burgherr spielen

Zurückgekehrt nach Artà, geht die Fahrt weiter in Richtung Osten nach **Capdepera** (11.000 Einw.), acht Kilometer weiter zum Meer. Auch dieses Städtchen ist von einer **Burg** gekrönt, der größten und besterhaltenen Mallorcas [im Sommer tägl. 9-20, im Winter bis 17 Uhr, € 2/Pers.]. Bei der Anfahrt sieht man sehr schön die Burgmauern. Sie umrahmten im 14. Jahrhundert das damalige Capdepera, die Kirche, die Bürgerhäuser, aber natürlich auch die Quartiere der königlichen Soldaten, die den Ort und die Insel vor angreifenden arabischen Seeräubern zu schützen hatten. Die riesige Anlage umfasst noch heute die Kapelle, den zentralen Talaia und vier weitere, dickbauchige Wachtürme sowie ein Gouverneurs-Haus, das später dazugebaut wurde. Man kann herrlich in den Burganlagen herumstöbern. An klaren Tagen können Sie hinter dem hübschen Hafen von Cala Rajada die hier nur etwa 75 Kilometer entfernte Nachbarinsel Menorca erkennen. Die Burg erreichen Sie am besten von der Plaça Orient (im Ortszentrum am Weg nach Cala Rajada) aus, wo Sie gut parken und dann zu Fuß die Treppe zum „Castell" ersteigen können. Zurück auf der Plaça, meldet sich wahrscheinlich der Hunger. Es empfiehlt sich die Einkehr ins **L'Orient Café** direkt am gleichnamigen Platz. Das immer gut besuchte Lokal ist eine gelungene Mischung aus Café, Kneipe und Tapas-Bar. Köstlich schmeckt hier das entrepa especial, das warme Spezialbrötchen mit fantasievollen Belägen. Tapas-Fans finden reiche und gute Auswahl in der Vitrine am Bartresen [Plaza L'Orient 4. Tel. 971 56 30 98].

Unterirdisch

Frisch gestärkt kann's weitergehen in Richtung Son Servera. Nach etwa zehn Kilometern Fahrt durch eine hügelige Bauernlandschaft mit Obst- und Mandelbäumen verengt sich das Tal, trennt die Straße die leuchtend grünen Greens des Canyamel-Golfplatzes, um dann wieder hinaufzuklettern auf eine Anhöhe mit herrlichem Blick auf das Meer und den Sandstrand von Canyamel.

Und dann kommt das eigentliche Tagesziel in Sicht: der riesige Höhleneingang der **Coves d'Artà**. Wie ein aufgesperrtes Maul sieht er aus, direkt über dem Meer. Diese Tropfsteinhöhlen sind zwar nicht so berühmt wie die Drachenhöhlen in Porto Cristo, beeindrucken jedoch durch ihre hohen Räume und Tropfsteinsäulen (siehe Kasten links).

Leider kann man nicht gleich von den Höhlen aus zur **Platja de Canyamel** fahren, die schon in Sichtweite liegt. Um die wohlverdiente Badepause in der großen Sandbucht einlegen zu können,

„Es Castell", die Burg, von Capdepera aus gesehen

*Im Vorbau des Torre de Canyamel ist
ein Restaurant untergebracht*

Dennoch hat sich die eher gemütlich-beschauliche Atmosphäre am Fischerhafen erhalten: Weiße Llaüts (mallorquinische Fischerboote) dümpeln im Hafenbecken vor sich hin, bis so gegen 17, 18 Uhr Bewegung in die Szenerie kommt. Dann kehren nämlich die größeren Fischkutter vom Meer mit ihrem Fang in den Hafen zurück. Immer bilden sich Trauben von neugierigen Feriengästen um die Fischer, die die Kisten mit Gambas und Calamares, mit Knurrhahn und Seehecht oder anderen Fischarten ausladen. Sonntags allerdings nicht – da fährt kein Fischer hinaus aufs Meer.

Vom Hafenbecken aus haben Sie auch eine hübsche Sicht auf die vielen kleinen Restaurants, die den Hafen säumen

Tipp: Ein gepflegtes Fischlokal auf der Mole mit zivilen Preisen ist **Es Llaüt** [Tel. 971 56 35 61, Nov-Feb geschlossen].

müssen Sie den gleichen Weg zurück bis zur Kreuzung fahren, an der der Weg zum Canyamel-Strand angezeigt ist (siehe auch S. 21).

Für Unermüdliche

Wer auf den Badeabschluss verzichten und noch mehr erleben möchte, kann von den Tropfsteinhöhlen zurückfahren auf die Straße nach Son Servera und dann von dort aus an den lebhaften langen Sandstrand von Cala Millor fahren oder gleich weiter zum Safari-Zoo (siehe S. 95). Eine andere Alternative wäre der Hafen von **Cala Rajada**; er ist so klein und hübsch geblieben wie eh und je, auch wenn der Ort selbst in den letzten Jahren immer größer geworden und stark vom (vorwiegend deutschen) Tourismus geprägt ist.

> ## Schwein im Turm
> *Auf dem Weg von Artà nach Canyamel kommt man an einem klotzigen Turm vorbei, dem* **Torre de Canyamel**. *Auch er diente als Wach- und Zufluchtsturm in den Piratenkriegen des Mittelalters. Zu ihm gehört ein rustikales Lokal, das bekannt ist für seinen Spanferkelbraten (lechona) zu moderaten Preisen. Natürlich kann man hier auch noch andere, meist mallorquinische Gerichte bekommen.*
> **Porxada de Sa Torre**, *Tel. 971 84 13 10, Mo u. Mitte Dez-Mitte Feb geschlossen.*

Tour 4: Bauernmarkt und Gutshof

Sineu • Petra • Bonany • Vilafranca • Els Calderérs

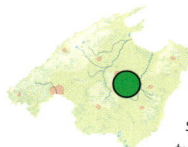

Wo: im Zentrum der Insel –Wie: mit dem Auto – Dauer: Tagesausflug – Nicht vergessen: Verpflegung – Achtung: mittwochs fahren!

Dieser Ausflug führt mitten ins Herz der Insel. Sie sollten nicht gerade den heißesten Tag des Jahres dafür wählen, aber einen Mittwoch, dann nämlich ist Wochenmarkt in Sineu. Eine gute Gelegenheit, Proviant für ein Picknick einzukaufen, das Sie später in luftiger Höhe genießen werden. Auf dieser Tagestour lernen Sie einige der kleinen Städtchen im Landesinneren kennen, die wieder einen ganz anderen Reiz als die Gebirgsdörfer haben. Und Sie besichtigen einen fürstlichen Herrensitz.

Viehzeug aller Arten

Das Besondere am Markt in **Sineu** erleben Sie nur, wenn Sie früh starten, möglichst so, dass Sie schon gegen neun, halb zehn dort sind. Dann sehen Sie, wie die Bauern der Umgebung lautstark um Lämmer und Zicklein feilschen, um Küken und Täubchen. In Sineu findet Mallorcas größter **Viehmarkt** statt [oberhalb vom stillgelegten Bahnhof (Estació), immer Mittwochvormittag]. Eigentlich müsste man von Märkten sprechen, denn außer Kühen und Karnickeln werden hier Obst und Gemüse, Pflanzen, Töpfe, Wäsche und unendlich viel Krimskrams angeboten. Das Ganze erstreckt sich von der Plaça Espanya über viele enge Gassen bis hin zum großen Tierareal oberhalb der alten Bahnstation. Sineu ist ein altes, verwinkeltes Städtchen, terrassenförmig auf

Auf dem Tiermarkt in Sineu geht es jeden Mittwochvormittag hoch her

einer Anhöhe gelegen, gekrönt von einer Pfarrkirche. So spielt sich das Marktgeschehen auf verschiedenen Ebenen ab – eine romantische, sehr südliche Szenerie, bei der die Hauptdarsteller früh am Morgen die Tiere sind. Wissen sollte man vorher nur, dass Mallorquiner ein anderes Verhältnis zu Haustieren haben als wir. Hier bindet man den Tieren die Füße zusammen und trägt sie kopfunter wie eine Einkaufstasche zum Auto. Da blutet so manchem Tierfreund das Herz.

Einen Abstecher wert: der Berg Randa (zwischen Lluc und Algaida)

Schauen Sie auch mal in die Kirche hinein, die vom steinernen Löwen des heiligen Markus bewacht wird und an der Sie Ihr Weg zwangsläufig vorbeiführt. So klobig die Kirche von außen wirkt, so anmutig schaut sie innen aus. Um die Plaça Espanya sowie um den Tierplatz herum finden Sie überall kleine Kneipen zum Rasten, für eine Tapa (z. B. ein frito mallorquín) oder für ein Eis aus der Kühltruhe (beste Sorte: Menorquina).

Auf den Spuren eines Missionars

Eine gut ausgebaute Straße führt Sie weiter nach **Petra**. Berühmt geworden ist dieser Ort durch seinen großen Sohn Junípero Serra, den Franziskanermönch und Missionar, dem ein kleines Museum, **Casa Natal i Museu Junípero Serra**, gewidmet ist. Es war im Jahr 1749, als er nach Amerika aufbrach, um Indios zum rechten Glauben zu bekehren. Auf königlichen Wunsch gründete der Mallorquiner aus Petra 21 Missionsdörfer in Kalifornien, darunter San Francisco, das nach seinem Orden benannt wurde. Das Zentrum seines Wirkens lag im heutigen Los Angeles. 1988 wurde Bruder Junípero vom Papst selig gesprochen. Petra richtete in seinem Geburtshaus eine Gedenkstätte ein [Carrer Barracar/Fray Juniper Serra, Tel. 971 56 10 28. Wenn geschlossen, Schlüssel in C/. de Miquel de Petra, 2 abholen. Eintritt frei, Spende üblich]. Gegenüber vom Museum lohnt ein Bummel durch die nach dem Missionar benannte, hübsch mit Blumen dekorierte Gasse: Zehn Kachelbilder illustrieren Juníperos Mission im fernen Amerika.

In Petra finden Sie eine Umgehung in Richtung Vilafranca angezeigt, die Sie

Bilder-Bahnhof

Unterhalb des Tiermarkts von Sineu hat ein deutscher Galerist für eine kleine Sensation gesorgt. Er richtete im Jugendstil-Bahnhof ein weitläufiges Kunstzentrum ein, in dem er Bilder und Objekte von zeitgenössischen Malern ausstellt, die ihre Werke auf der Insel geschaffen haben. **Centre d'Art S'Estació***, C/. S'Estació, 2, Tel. 971 52 07 50, art@sineuustacio.com, www.sineuustacio.com, Mo-Fr 9.30-14 u. 16-19 Uhr, Eintritt frei.*

kurz nach dem Ortsausgang beim entsprechenden Schild für einen Abstecher nach Bonany verlassen können, wenn Sie an einem hoch gelegenen **Kloster (Ermita de Nostra Senyora de Bonany)** mit pausbäckiger, bäuerlicher Madonna, einem traumhaften Weitblick und vor allem an einem Picknick interessiert sind.

Das Regenwunder

Gleich am Eingang zur Anlage weisen zwei bunte Kachelbilder auf die wundersame Geschichte zur Klostergründung hin: Weinrebe und Kornähre symbolisieren das gute Jahr (bon any) für den Ort Petra. Im Jahre 1600 nämlich drohte eine große Dürre die gesamte Ernte zu vernichten. Die Bauern von Petra flehten zur Muttergottes – und wurden erhört. Es fiel Regen und die Ernte wurde gut. Zum Dank bauten die Leute von Petra eine Kapelle, die später zu einem Kloster erweitert wurde.

Die Straße dort hinauf ist zwar eng, aber gut befahrbar und wenig genützt. Auf dem Gipfel des Kegelberges erleben Sie die sprichwörtliche klösterliche Ruhe, falls nicht gerade eine Gruppe Einheimischer dort picknickt.

Kloster-Picknick

Sie finden Steintische unter schattigen Bäumen und fließend Wasser in der Klosteranlage; zu essen und zu trinken wird jedoch nichts verkauft. Aber der Markt von Sineu bietet ja alles, was für einen Imbiss in der Natur nötig ist. Faszinierend ist der Rundumblick auf die weite Ebene des Inselinneren mit Feldern und Fincas. Wer keine Lust auf ein Picknick im Freien hat, mag Kirche, Madonna und Fernblick genießen und in einem Lokal auf dem Weg nach Vilafranca einkehren, falls er dies nicht vorher schon in Petra getan hat. Direkt an der Kreuzung mit der

Ziege im Keller

Am Museum des Junípero Serra in Petra weist ein Schild auf ein uriges Lokal hin, das nur 200 Meter entfernt liegt. Es heißt **Es Celler***, „der Keller", und ist in einem über 250 Jahre alten Kellergewölbe untergebracht, in dem neben der Theke nur ein paar Tische stehen. Auf der kleinen Karte mit schmackhaften, preiswerten Gerichten entdeckt man den Braten vom Zicklein (cabrit); sofern gerade vorhanden, unbedingt probieren! C/. S'Hospital, 46, Tel. 971 56 10 56, Mo geschlossen.*

Puppenstube und Zinnsoldaten

*Ein Raum, den man in **Els Calderérs** (siehe rechts) leicht übersieht, liegt im 2. Stock und ist ganz besonders interessant für Kinder. Er zeigt Spielzeug, wie es vor über hundert Jahren üblich war. Z.B. eine wunderschöne Puppenstube, eingerichtet im Stile einer Casa Señorial, eines Herrenhauses, mit Gobelins und Ölgemälden an den mit Seide tapezierten Wänden. Jungs dürften eher die Waffensammlung und eine Kollektion von Zinnsoldaten begeistern. Fotos zeigen alte Kindertrachten, daneben findet man bestickte Kinderkleider im Original. Und für uns heute lustig: Gegenstände für die tägliche Hygiene aus vergangener Zeit wie Nachttöpfe, Zinkwannen, Bettpfannen, Wasch- und Schminktisch. Es war einmal …*

Landstraße Palma–Manacor finden Sie das Bar-Restaurant El Cruce mit einem riesigen Parkplatz. Wo so viele Lastwagen parken, kann das Essen nur gut sein! In der Tat gibt's hier mallorquinische Hausmannsküche zu reellen Preisen [Carretera Palma–Manacor, km 41, Tel. 971 56 00 73, kein Ruhetag].

Melonendorf

Fahren Sie nicht einfach auf der Umgehungsstraße an **Vilafranca** vorbei, sondern in den Ort hinein, der berühmt ist für seinen Melonenanbau. Daher feiert das Städtchen zur Ernte im September auch ein spezielles Melonenfest, bei dem die größte Melone prämiert wird. Ganzjährig aber wird entlang der Hauptstraße Obst und Gemüse verkauft. Das ist zauberhaft anzusehen, denn die Händler schmücken ihre Stände mit bunten Obstkörben und hängen auf, was nur irgend geht: Tomaten-, Paprika- und Knoblauchzöpfe, Zierkürbisse, getrocknetes Obst. Ein tolles Fotomotiv!

Gutsbesuch

Bei Kilometer 37 der Landstraße Vilafranca in Richtung Palma zeigen wehende Fahnen Ihr nächstes Ausflugsziel an: das **Landgut Els Calderérs**. Die Besitzer dieses herrschaftlichen Gutes aus der Feudalzeit öffneten Tür und Tor, um alle Welt hineinsehen zu lassen in aristokratisches Landleben [Tel. 971 52 60 69, comercial@els calderers.com, www.elscalderers. com.

Wer hat Angst vorm schwarzen Schwein?

Auf Els Calderérs züchtet man das für die Insel typische porc negre, das schwarze Schwein. In den Wintermonaten werden matances (Schlachtfeste) veranstaltet, an denen auch Fremde teilnehmen können. Das Fleisch des schwarzen Schweins ist fetter als das unseres rosigen Hausschweins, hat aber einen besonders guten Geschmack. Für die Sobrasada, die mit Paprika rot gefärbte Mettwurst, ist sein Fleisch unverzichtbar.

Tägl. 10-18 Uhr, Erw. € 8, Kinder (3-12 J.) € 4, inkl. Infoblatt in Deutsch].

Treten Sie ein in liebevoll restaurierte, gepflegte Wohnräume, in die hauseigene Kapelle, in Küche und Keller. Was Els Calderérs auszeichnet, ist der Eindruck, alles sei noch bewohnt und bewirtschaftet. Kaum ein Raum wirkt museal. Sie werden bei Ihrem Rundgang das Gefühl haben, die Wirtschafterin habe soeben das Bügelzimmer verlassen, um in der Küche nach dem Rechten zu sehen – in einer Küche, die mit dem offenen Herd, den rostroten, irdenen Töpfen so authentisch blieb, dass Sie meinen, den Duft eines saftigen Spanferkelbratens riechen zu können. Und im Arbeitszimmer des Hausherrn, das Damen nie betreten durften, haben die Gutsherren soeben noch die Getreidepreise diskutiert, im lautlosen Beisein ihrer Ahnen, die aus schweren Bilderrahmen streng auf sie herabblicken. Im Gegensatz dazu steht das einfach, geradezu karg möblierte Arbeits- und das Schlafzimmer des angestellten Gutsverwalters. Und noch viel ärmlicher muten die Schlafräume der Tagelöhner des Gutes an.

Landwirtschaft von einst

Auch draußen in den Ställen ist die Reise in die Vergangenheit noch nicht zu Ende: Auf Els Calderérs hat man die alten, inseleigenen Haustierrassen wiederentdeckt und widmet sich ihrer Nachzucht. Die Namen der verschiedenen Tierarten finden Sie an den jeweiligen Ställen, Erklärungen für den Rundgang in einem Infoblatt, das Sie mit der Eintrittskarte erhalten. Kinder werden begeistert sein, denn sie bekommen fast immer junge Hunde und Schweinchen zu sehen.

Im „Melonendorf" Vilafranca werden Obst und Gemüse dekorativ präsentiert

Tour 5: Kühe, Kapern und Kakteen

*Campos • Colònia de Sant Jordi • Ses Salines • Platja d'es Trenc •
Ermita de Sant Salvador*

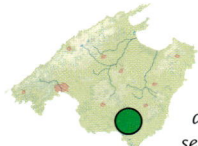

Wo: im Süden der Insel – Wie: mit dem Auto und zu Fuß – Dauer: Tagesausflug – Nicht vergessen: Badezeug, Verpflegung (evtl. für ein Picknick)

Weil es im Süden von Mallorca am heißesten ist und dieser Teil der Insel auch mit einigen der schönsten Sandstrände bestückt ist, kommt eine Autotour dorthin im Sommer nicht ohne Badestopp aus. Sie sollten also Badesachen einpacken, an weniger heißen Tagen auch einen Picknickkorb.

Wer einen botanischen Mallorca-Führer dabeihat, könnte bei diesem Ausflug manch graue Theorie in farbenfrohe Praxis umsetzen, denn im Mittelpunkt dieses Ausflugs steht der Botanicactus, ein ganz besonderer Naturpark. Für Tage, die zum Baden ungeeignet sind, gibt's eine Abstecher-Alternative auf einen Klosterberg bei Felanitx.

Das Landstädtchen **Campos** ist die erste Station der Südtour. Da der Ort selbst eher ein bisschen verschlafen wirkt und außer einem echten Murillo-Gemälde in der fast immer verschlossenen **Pfarrkirche Santa Julia** [Schlüssel in der rectoría (Pfarrhaus) gegenüber].

Im Inselinneren ist Mallorca noch sehr ländlich

nur noch eine kleine kulinarische Attraktion zu bieten hat (siehe Kasten rechts), sollten Sie gleich in Richtung **Colònia de Sant Jordi** weiterfahren.

Durch Bauernland

Auf dem Weg dorthin gibt es etwas für Deutsche völlig Alltägliches zu sehen, nämlich Kühe, sogar schwarzbunte, wie daheim. Hier aber, im trockensten und wärmsten Teil der Insel, wo es keine saftigen, grünen Wiesen gibt, nehmen sich diese Tiere schon etwas eigenartig aus. Die Gegend um Campos also ist das Zentrum der insularen Milchwirtschaft sowie der Schaf- und Ziegenhaltung, wie rechts und links der Landstraße gut zu sehen ist. Für eine Besonderheit dieser Bauernlandschaft lohnt es anzuhalten: Auf vielen Äckern und Feldern fallen bei näherem Hinschauen eigenartige dunkelgrüne, runde Büsche auf, flach und geduckt. Das sind Kapernsträucher, wunderschön weiß-rosa blühend. Die Blüten kann man allerdings für die Soße von Königsberger Klopsen nicht mehr gebrauchen, denn es sind die jungen Knospen, die von den Bauern geerntet und dann nach dem Welken (dabei entsteht das Methylsenföl, das der Kaper den spezifischen Geschmack verleiht) in Öl und Essig eingelegt werden. Die Mallorca-Kaper ist für ihren intensiven Geschmack berühmt – dennoch geht ihr Anbau immer mehr zurück, sodass die meisten dieser grünen Aromaperlen vom spanischen Festland und aus Südfrankreich eingeführt werden müssen. Also ein wertvolles, weil rares und sehr originelles Mitbringsel von der Insel! Nach etwa acht Kilometern sollten Sie dem Schild „Ses Salines" nach links folgen. Es führt Sie zu dem kleinen Dorf mit einer viel zu großen Kirche. Auch **Ses Salines** ist ziemlich verschlafen und bis auf eine tolle gastronomische Adresse (Casa Manolo, siehe Kasten S. 58) nicht sonderlich sehenswert. Also fahren Sie an der Kirche vorbei und folgen dem Schild „**Botanicactus**" am Ortsende.

Im Reich der Stacheln

Der Wanderweg durch diese 150.000 Quadratmeter große Anlage lohnt auf jeden Fall. Sehr lehrreich für Mallorca-Besucher sind die blühenden Rabatten von Mittelmeerpflanzen, die alle beschildert sind. Man findet sie gleich hinter dem Eingang. Wie wäre es, wenn die Kinder allein oder mit den Eltern um die Wette raten, welche Pflanze vor ihnen steht? Natürlich, bevor man das Schild gelesen hat. Zu raten sind unter anderem Apfelsinen- und Zitronenbäume, Oliven-, Pinien- und Mandelbäume, Granatapfel,

---

Tipp für Naschkatzen

Gleich am Start zu dieser Südtour, also in Campos, lockt ein unbedingtes „Muss": die Konditorei Pomar. Himmlische Konfekte, Plätzchen und Kuchen ziehen die Insulaner von überall her an. Zum Beispiel Ensaïmadas (Teigschnecken), Empanadas (gefüllte Teigtaschen) oder ein Bocadillo (belegtes Baguette). Die Teilchen eignen sich gut als Nachtisch am Strand.
Pastelería-Confitería Pomar, *direkt an der Hauptstraße im Zentrum, tägl. geöffnet.*

Männergeschrei

Hier im Süden sind sie nicht zu überhören: die Singzikaden. Zumindest nicht von Juni bis in den Spätherbst. Gerade in den Aleppokiefernwäldern am Es Trenc-Strand veranstalten sie ihr ohrenbetäubendes Konzert. Den Ton geben die weibstollen Männchen an. Die umworbenen Weibchen bleiben stumm. Das Geräusch entsteht durch das Zusammenziehen zweier fest gespannter Häute am Hinterleib der Männchen, also durch Schwingungen. Man bekommt die Musikanten selten zu Gesicht; wer sie suchen will, muss nach einer plumpen Heuschrecke ohne Sprungbeine Ausschau halten. Für die Insulaner beginnt der Sommer mit der roten Blüte des Mohns und mit dem ersten Gezirpe der Zikaden.

Zypresse, Hibiskus, Oleander, Bougainvillea, Johannisbrot- und Eukalyptusbäume. Am eindrucksvollsten ist das eigentliche Herz des Botanicactus, die wüstenähnliche, hügelige Landschaft mit 400 verschiedenen Kakteenarten, oft mehr als mannshoch, manchmal in Gruppen, im Sommer berauschend farbenfroh blühend. Einen schönen Kontrast zur Kakteenwüste bilden die angrenzenden Rasenrabatten mit Palmen- und Bambushainen, mit einem künstlichen See, Brücke, Schwänen und Enten. Auch wie Windmühlen funktionieren, kann man

hier beobachten. Wer will, kauft in der angrenzenden Gärtnerei einen kleinen Stachelkopf als lebendes Andenken [Botanicactus, Tel. 971 64 94 94. Im Sommer 9–19, im Winter 9–17.30 Uhr, Erw. € 7, Kinder (7–14 J.) € 4,20].

Wie kommt das Salz aus dem Meer?

Viel gelaufen, viel gesehen, viel gelernt – das macht hungrig, durstig und müde. Darum gibt's jetzt ein gutes Essen in der Casa Manolo (siehe Kasten S. 58) oder ein kleines Picknick am Strand. Dafür fahren Sie denselben Weg zurück bis zur Straße nach Colònia de Sant Jordi, von der Sie etwas später nach rechts in Richtung **Platja d'es Trenc** abbiegen (siehe S. 29). Bald tut sich eine ganz neue Welt auf, die der Salzseen, Salines de llevant. Schon die Karthager sollen hier Salz abgebaut haben. Und auch heute noch gewinnt man Salz aus dem Meer. Zwar nicht mehr im selben Umfang wie einst,

Der Vogel mit dem Tick

Ist Ihren Kindern schon der ulkige weiße Vogel mit den langen rosa Beinen und den schwarzen Flügeln aufgefallen? Das ist ein Stelzenläufer, den man vom Frühjahr bis zum Herbst im Gebiet der Salzseen erleben kann. Natürlich muss man den Motor abstellen und Geduld mitbringen! Wenn Brutzeit ist und sich der Stelzenläufer von Menschen gestört fühlt, springt er in die Luft und stößt kleine, spitze Schreie aus: „tic-tic-tic"!

Lecker, aber stachelig: Feigenkaktus mit Früchten

aber immerhin 8.000 Tonnen pro Jahr. Das Salzseengebiet ist Privatbesitz – die Anlagen dürfen also nicht betreten werden! Aber auch von der Straße aus erkennt man gut die verschiedenfarbigen Verdunstungsseen, die aufgetürmten weißen Salzberge und die eigenartige Abgestorbenheit der Natur.

Dennoch ist diese Welt nur scheinbar tot, denn an die 170 Vogelarten werden von diesem (streng geschützten) Biotop angezogen – darunter viele Arten, die den Winter in Nordafrika, den Sommer hier verbringen. Ihre Schreie können Sie hören, wenn Sie anhalten und den Motor abstellen.

Auf einer weiten Parkfläche endet die Straße. Wer auf dem restauranteigenen Parkplatz parkt und später im Restaurant Casa Manolo etwas verzehrt, darf kostenlos parken. Von hier aus sind es nur noch wenige Schritte bis zu dem völlig unbebauten weißen Dünenstrand mit einem azurblau-türkisfarbenen Meer wie in der Karibik. Nicht nur an heißen Sommertagen, auch an warmen Vor- oder Nachsaisontagen lässt es sich im Schutz der Dünen wunderbar dösen und picknicken. Und von hier aus sieht man (meist im Dunst) am Horizont den Archipel von Cabrera, das Ziel der nächsten Tour.

Alternative für kühle Tage

Wer diesen Ausflug zu einer Jahreszeit macht, die zum Baden zu kühl ist, kann nach dem Dünen-Picknick wieder zurückfahren nach Ses Salines und dann weiter über Santanyí auf der C-714 durch eine hüglige Bauern- und Winzerlandschaft nach **Felanitx**. Der Ort ist schon von Weitem an seinen Mühlenstümpfen zu erkennen. Für Kinder interessanter ist jedoch ein nah gelegener Berg, der

Klosterberg Sant Salvador. Die Auffahrt ist allerdings steil und kurvenreich und kann für empfindliche Kindermägen anstrengend werden.

Nach etwa zwei Kilometern hinter Felanitx weist ein Schild rechts zur **Ermita de Sant Salvador** [6 km von Felanitx, Abzweigung von der PM-401 in Richtung Portocolom, Tel. 971 82 72 82]. In Ser-

Casa Manolo

Im Dorf Ses Salines überrascht die Casa Manolo mit chaotisch-gemütlichem Ambiente. So frisch, so gut gegrillt und so preiswert bekommt man Fisch und Schalentiere, die von Manolos Leuten fast täglich bei Cabrera gefangen werden, sonst auf der Insel kaum noch. Vor dem Botanicactus-Besuch, also auf dem Hinweg, am besten einen Tisch für nachher bestellen, weil es immer rappelvoll ist; die Wochenenden sollten Sie meiden. An der Kirche, Tel. 971 64 91 30, Mo geschlossen.

Frisch auf den Tisch: Manolo mit wehrhaften Köstlichkeiten

pentinen windet sich nun der Weg nach oben, wo Sie an einem großen Denkmal vorbei zum eigentlichen Klosterbau kommen. Es ist seit dem 16. Jahrhundert ein Wallfahrtsort der Marienverehrung. Im vergangenen Jahrhundert ließen sich hier Eremiten des Ordens Sankt Peter und Paul nieder; inzwischen haben sie jedoch das Kloster verlassen. Man kann im Klosterrestaurant zu Abend essen und sogar in den ehemaligen Klosterzellen übernachten. Gerade für Nichtkatholiken sind die unzähligen Votivbilder eindrucksvoll, die von wundersamen Heilungen der Spender künden. Verantwortlich dafür ist die schöne Madonna im Strahlenkranz aus dem 13. Jahrhundert, die man im Chorraum bewundern kann. Die Ausblicke von den Bergen sind überwältigend. Wer hier oben einen Sonnenuntergang erlebt, wird diesen Ausflug nie vergessen.

Tour 6: Inselhupf zu den kleinen Drachen und zur Blauen Höhle

Sant Elm • Sa Dragonera • Cabrera • Conills/Cova Blava

Wo: vor der Süd- (Cabrera) bzw. der Westspitze Mallorcas (Sa Dragonera) – Wie: mit dem Schiff, Anfahrt mit dem Auto – Dauer: jeweils Tagesausflug – Nicht vergessen: Badezeug und -schuhe, Verpflegung – Achtung: Wer leicht seekrank wird, sollte sich mit der kurzen Fahrt nach Sa Dragonera begnügen!

Spätestens seit Robinson Crusoe träumen viele von der einsamen Insel im blauen Meer. Bootsbesitzer können sich solche Träume leicht erfüllen – sie steuern einfach eine winzige, menschenleere Bucht an, und schon kann sich das Robinson-Gefühl einstellen.

Aber keine Sorge – auch wer kein eigenes Schiff besitzt, kann von Mallorca aus Inseln besuchen. Zumindest in den Sommermonaten. Dann nämlich fahren Fährboote und Ausflugsdampfer nach Cabrera und Sa Dragonera. Für beide Inseltrips brauchen Sie den Wagen zur Anfahrt zum jeweiligen Ausgangshafen. Und denken Sie an Proviant, denn auf Sa Dragonera kann man gar nichts und auf Cabrera nur wenig kaufen. Badesachen verstehen sich bei einem Inselhupf von selbst!

Die Dracheninsel

Ausgangshafen ist **Sant Elm** (250 Einw.), das Sie von Andratx aus in etwa einer

Fisch und Meeresfrüchte

In Sant Elm laden zwei, drei hübsch gelegene Restaurants zum Verweilen und Schmausen ein. Besonders empfehlenswert ist das **Vistamar** *(direkt über dem Minihafen, Tel. 971 23 75 47, Di u. Nov-Feb geschlossen). Probieren Sie hier vor allem die Paella de Mariscos, also die mit Meeresfrüchten – eine der besten der Insel! Der Name des Restaurants ist Programm, denn der Blick auf das Meer, den Hafen und die vorgelagerten Inseln ist einmalig. Zudem gibt sich die mallorquinische Besitzerin sehr aufgeschlossen und versteht auch sehr gut Deutsch.*

halben Autostunde erreichen. Das kleine Küstendorf selbst ist schon einen Ausflug wert: malerisch liegt der kleine Ort vor bewaldeten Hügeln. Vom Sandstrand, den wenigen Hotels und Restaurants und auch von der Fußgängerzone über dem Meer hat man traumhaft schöne Blicke auf das vorgelagerte, naturgeschützte Inselchen Pantaleu (Betreten verboten!) und die große Insel **Sa Dragonera** [zu erreichen mit dem Fährboot „Margarita" von der Mole Sant Elm, Tel. 696 42 39 33, Mai-Sep Di-So ab 10.15

Uhr 5-mal am Tag, Rückfahrt nach Vereinbarung, Hin- u. Rückfahrt: Erw. € 9, Kinder € 4,50]. Zwischen der Hauptinsel Mallorca und Sa Dragonera suchte König Jaume I. im Jahre 1229 wegen eines heftigen Unwetters Schutz, als er vom spanischen Festland aus mit 15.000 Soldaten auf über 150 Schiffen nach Mallorca gesegelt war, um die Insel von den Mauren zu befreien. Nachdem sich der Sturm gelegt und die königlichen Späher die Küste ausgekundschaftet hatten, wurde von hier aus Santa Ponça als Anlegeplatz für die Schlacht um die Hauptstadt Palma angesteuert.

Die Überfahrt dauert ca. 20 Minuten und endet im versteckten Minihafen der Cala Lladó, der von Sant Elm aus nicht sichtbar ist. Bei Ihrer Landung könnte ein Mann in Uniform an der Hafenmole stehen und sie freundlich begrüßen. Das ist der Naturschutz-Polizist von Sa Dragonera, der einzige Insulaner, der die beiden Häuschen bewohnt, die man gleich nach der Ankunft im Hafen sieht. Der Polizist passt auf, dass hier niemand der Natur zu Leibe rückt, denn Sa Dragonera steht wie auch Cabrera unter strengem Naturschutz; beide Inseln sind inzwischen zum Nationalpark erklärt worden. „Dragón" bedeutet im Spanischen „Drache". Und wenn man die Insel von Sant Elm aus betrachtet, könnte man sich einbilden, da läge ein schlafender Drache im Meer. Außerdem leben auf dem Eiland unzählige Eidechsen, und kein anderes heute lebendes Tier sieht einem Drachen so ähnlich wie dieses. Auch

Versteckte Piratenbucht: der Naturhafen von Sa Dragonera bei aufgewühlter See

nennen die Mallorquiner Eidechsen
scherzhaft Dragóns. Die einen leiten den
Namen also von der Inselgestalt, die
anderen von ihren Bewohnern ab.

Paradies für Eidechsen

Auf Sa Dragonera sind zwei Wege
erlaubt: der nach rechts und der nach
links. Beide enden an Leuchttürmen,
beide sind etwa zwei Kilometer lang, beide sind reine Fußwege mit herrlichen
Rückblicken nach Mallorca, das man von
hier wie Festland empfindet. Sa Dragonera ist kiefernbestanden, gebirgig und
recht grün. Das Besondere an dieser
Insel, die so groß wie Amrum ist, ist die
Stille, die nur vom Lärm der Zikaden
und dem Geschrei der Möwen unterbrochen wird. Und am Ende der Wege, an
den Leuchttürmen, die leider nicht zu
besichtigen sind, hat man das Gefühl,
am Ende der Welt zu sein. Auf den
Wegen werden Sie begleitet von unzähli-

gen Eidechsen, darunter einer speziel-
len, endemischen Art, der Balearen-
Eidechse. Manchmal scheuen sich die
Tiere nicht, vom mitgebrachten Picknick
zu naschen.

Sowohl auf Sa Dragonera als auch auf
Cabrera lebt ein seltener Sommergast:
der Eleonorenfalke. Auf Sa Dragonera
gibt es die größte Brutkolonie dieser
Raubvogelart in ganz Spanien. Eigentlich
ist der Eleonorenfalke auf der Insel
Madagaskar zu Hause. Zum Brüten aber
zieht er von Afrika nach Sa Dragonera
und Cabrera. Und nicht nur am Boden,
auch von oben werden Besucher argwöh-
nisch beäugt: Scharen von Möwen
schweben aufgeregt über ihren Köpfen,
schreien und – es hört sich wirklich so
an – lachen die Menschen aus. Besonders zur Brutzeit sollten Sie Respekt vor
ihnen haben.

Viel mehr als laufen, picknicken, nach
Tieren Ausschau halten und die
Unberührtheit dieses Eilands genießen,
kann man auf Sa Dragonera nicht. Wer
mehr will, muss nach Cabrera fahren,
dem Inselarchipel im Süden Mallorcas.

Zur Heimat der Kormorane

Ausgangshafen ist Colònia de Sant Jordi
im Inselsüden. Hier legen die **Ausflugsdampfer** zweimal am Morgen ab [Tel. 971
64 90 34. April-Okt tägl. ab 9.30 Uhr,
Rückfahrt gegen 17.30 Uhr, Nov, Dez
kein Schiffsverkehr, Hin- u. Rückfahrt
inkl. Führung zum Kastell: Erw. € 28,
Kinder (3-10 J.) € 14]. Schon die zwei-
stündige Überfahrt macht Spaß.

Am tollsten sind die Plätze vorn am Bug,
wo man die Füße so lässig durch die
Reling herabbaumeln lassen kann und
wo die Wellen so schön hochspritzen.

18 Inseln und Inselchen zählen zum Archipel von **Cabrera**. Wenn der Dampfer die ersten erreicht, grüßen Sie Dutzende von Kormoranen und recken ihre langen Hälse. Und dann fahren Sie in eine der schönsten Buchten der Balearen ein, in den fast kreisrunden Hafen von Cabrera. Der Anblick des türkisfarbenen Wassers mit einigen weißen Jachten und

Unter Naturschutz: die Insel Cabrera an der Südspitze Mallorcas

Fischerbooten und des alles krönenden Kastells, das wie ein Adlerhorst hoch über der Bucht am Berg klebt, ist mehr als fotogen. Nur hier am Hafen stehen ein paar weiße Häuser, ansonsten ist die Insel unbebaut, sieht man von ein paar hässlichen Militärbaracken einmal ab. Denn das ist das Kuriose an Cabrera: Die Insel ist zwar streng geschützter Nationalpark, war bis vor Kurzem jedoch auch Militärgebiet. Nun darf das Militär die Insel nur noch zeitweilig für Übungen nutzen.

Makabre Geschichte(n)

Auch auf Cabrera werden Sie wieder von Mitarbeitern der Naturschutzbehörde empfangen und über den besonderen Status dieses Naturschutzparks aufgeklärt, über Verbote, aber auch über das Angebot, sich Führungen anzuschließen. Und weil die im Fahrpreis inbegriffen sind, machen viele Ausflügler mit. Vorher sollten Sie sich im Hafenbüro der Naturschützer aber unbedingt Cabrera-Infos in deutscher Sprache holen, denn Führungen aufs **Kastell** werden nur in Spanisch und Englisch angeboten. Doch auch wenn Sie nicht viel verstehen – die Führungen lohnen. Allein schon für den weiten Blick über die Insel. Hier erfahren Sie auch von der schaurigen Vergangenheit der Insel, die im 19. Jahrhundert als Konzentrationslager für 12.000 französische Gefangene diente. Und Sie kommen vorbei an einem Kuriosum: Auf der so gut wie unbebauten Insel gibt es nämlich einen Friedhof; er liegt am Weg hinauf zur Burg. Ein einziges Kreuz steht dort zur Erinnerung an einen im Zweiten Weltkrieg abgeschossenen deutschen Piloten, der in den Fluten vor Cabrera starb. Seine Gebeine wurden inzwischen nach Deutschland überführt.

Die meisten spanischen Tagesausflügler bringen Picknickkörbe mit und tragen sie bis zum nächsten (nicht allzu schönen) Strand. Wenn Sie auf dem Weg, der wie überall auf den erlaubten Pfaden Cabreras mit botanischen Erklärungen versehen ist, noch ein ganzes Stück weitergehen (ca. 1,5 km, für sehr kurze Kinderbeine und bei Hitze anstrengend!), landen Sie an einer weit idyllischeren Sandbucht. Aber Vorsicht: Dort wimmelt es von Seeigeln – ohne Badeschuhe kein ungetrübtes Vergnügen!

In die Blaue Höhle

Gegen 15.30 Uhr ruft die Schiffssirene zur Weiterfahrt. Denn auf der Nachbarinsel **Conills** (Kaninchen) winkt noch eine Überraschung: die **Cova Blava**, die Blaue Grotte. Der Dampfer quält sich

mit viel Gestank hinein – aber dann lässt Capri grüßen. Wirklich! Sobald der Schiffsmotor abgestellt ist, können Sie zum blitzeblauen Grottengrund hinabschauen. Mit den blauen Reflexen an den Höhlenwänden und dem Hall der Menschenstimmen ist dies ein tolles Finale. Wer will, darf in der Blauen Grotte direkt von Bord ins Wasser springen. Weniger Wagemutige können natürlich auch an der Leiter runterklettern.

Das ist ein Geschrei und Gejuchze! Und das Deck wird pitschenass. Ein ohrenbetäubendes Vergnügen, vor allem für die Kinder. Danach nimmt das Schiff wieder Kurs auf Mallorca, und nach einer Stunde (gegen 17.30 Uhr) hat Sie die Zivilisation in Colònia de Sant Jordi wieder. An der palmenbestandenen Uferpromenade kann man in einem der vielen Lokale mit Blick auf den Bilderbuch-Hafen den Inselhupf-Tag in Ruhe ausklingen lassen …

Auf der Suche nach Beute: der Kormoran oder „corb mari"

Tour 7: Weiße Stadt am blauen Meer

Palma

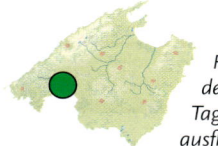

Wo: im Südwesten der Insel – Wie: zu Fuß, Anfahrt mit dem Bus – Dauer: Tages- oder Halbtagesausflug – Nicht vergessen: bequeme Schuhe, Stadtplan – Achtung: nicht am Sonntag gehen!

Es gibt nur wenige Großstädte am Mittelmeer, die so schön sind wie **Palma**. Deshalb ist die „ciutat", wie die Insulaner ihre Hauptstadt nennen, eigentlich ein Muss für jeden Mallorcabesucher.

„Mit Kindern?", werden Sie besorgt fragen. Ja, auch mit Kindern! Klar, dass die Erwachsenen auf das eine oder andere Museum, die eine oder andere Kirche verzichten müssen, denn das langweilt Kinder schnell. Für den Rest sind sie jedoch leichter zu begeistern, als man glaubt. Sie brauchen nicht unbedingt einen Wagen, um in die Hauptstadt Mallorcas zu kommen – sie ist verkehrsmäßig gut an den Rest der Insel angebunden. Von fast allen Orten aus können Sie mit dem öffentlichen Bus bis ins Zentrum fahren, zur Plaça Espanya.

Die mächtige Kathedrale überragt Palmas Altstadt und den Hafen

Verwinkelte Altstadt

So oder so erobert man sich Palma am besten zu Fuß, denn die Altstadt mit ihren engen Gassen und Treppen ist verwinkelt und zum Teil nur für Fußgänger zugänglich. Die Plaça Espanya ist der beste Einstieg zu einem kleinen Stadtbummel, der nicht gerade an einem Sonntag stattfinden sollte. Alle Geschäfte und auch viele Restaurants sind nämlich an diesem Tag geschlossen. Die Generalrichtung von der Plaça Espanya aus führt auf die Kathedrale und den Hafen zu. Damit Sie sich aber garantiert nicht verlaufen: erst einmal zur **Stadtinformation** mit dem gelben „i" am Parc d'Estació marschieren und einen kostenlosen Stadtplan besorgen [Informació Turística Municipal, Plaça Espanya, Parc d'Estació, Tel. 971 75 43 29, u. im Casal Solleríc, Passeig Born, Tel. 971 72 40 90; Mo-Fr 9-20, Sa 9-13 Uhr].

Wer's bequemer haben will, kauft Tickets für die **Buslinie 50**, den roten Doppeldecker mit offenem Dach, der als Sightseeing-Bus an 13 wichtigen Punkten der Stadt hält und dessen Route Sie beliebig oft unterbrechen und mit dem gelösten Ticket wieder fortsetzen können [von 9.30-22 Uhr im 20-Minuten-Takt (Nov-März 10-18 Uhr), Erw. € 15, Kinder bis 12 J. € 7,50].

Markttreiben und Straßentheater

Natürlich ist ein Bummel zu Fuß eindrucksvoller und mit dem Stadtplan in der Hand ist es leicht, sich zurechtzufinden. Von der Plaça Espanya geht's am besten gleich zur größten aller **Insel-Markthallen** an der **Placa d'Olivar** [Mercat de l'Olivar, Mo-Sa bis 14 Uhr]. Hier können Sie Ihren Kindern zeigen, welches Obst und Gemüse auf der Insel wächst, welche Fische und Meeresfrüchte aus dem Meer kommen. Eine bunte, laute, geschäftige Welt des Alltags. Besonderen Spaß macht es, den Fischverkäuferinnen zuzuschauen, die lauthals ihre Ware anpreisen und demonstrativ die besten Fische hochhalten. Wieder draußen, im grellen Licht der Sonne, schlendern Sie nun den Carrer de Sant Miguel hinunter bis zur **Plaça Major**. Die Erwachsenen fühlen sich vielleicht angezogen von der Harmonie des rechteckigen, geschlossenen Platzes mit seinen ocker-orangefarbenen Häuserfassaden, die Kinder wohl eher von dem, was sich auf dem Platz tut: Seit einiger Zeit schweigen hier lebende Denkmäler vor sich hin, Studenten meist, zur Salzsäule erstarrt, die erst dann wundersam lebendig werden, wenn ein Passant ein bisschen Geld lockermacht.

Essbare Souvenirs

Gleich hinter dem großen folgt ein klitzekleiner Platz mit zwei schön restaurierten Jugendstilfassaden (Can Rei und L'Águila): reich verziert, unter anderem mit Mosaiken. Gehen Sie den Carrer Jaume II mit den hübschen Läden und Cafés hinunter und werfen Sie einen Blick in den kleinen, mit Wurstwaren überladenen Feinkostladen (colmado) im Carrer de Sant Domingo. Vielleicht möchten Sie ja auch eine Sobrasada, eine rote Paprika-Mettwurst, als Souvenir erstehen. Vor lauter Würsten, die von der Decke hängen, sieht man kaum den Ladenbesitzer. Ein Stück zurück, vorbei am Can Corbella, einem Jugendstilhaus mit maurischem Einschlag, geht's zur

Plaça Cort, dem Rathausplatz. In der prächtigen Halle des **Rathauses** beeindrucken die „gigantes", überlebensgroße Figuren in mallorquinischer Tracht, die das Volk verkörpern und ernst auf den Betrachter blicken [Ayuntement, Plaça Cort, Mo-Fr 9-14 Uhr].

Imposantes Gotteshaus

Von hier aus ist die **Kathedrale La Seu** nicht mehr weit [Plaça Palau Reial, über dem Hafen. Juni-Sep Mo-Fr 10-18.15, April/Mai u. Okt 10-17.15, Nov-März 10-15.15 Uhr; Sa immer 10-14.15 Uhr, Erw. € 4, Kinder unter 8 J. frei, So 9, 12 u. 13 Uhr während der Messen kostenlos – Umherlaufen verboten]. Natürlich ist sie

Tapa-Paradies

*Eine Tapas-Bar an der anderen findet sich im Carrer des Apuntadors im Llotja-Viertel. An der Plaça Llotja, gegenüber der alten Seehandelsbörse (heute Ausstellungen), lädt **La Bóveda** in rustikalem Ambiente zu köstlichen Tapas und Pa amb olis (Öl-Tomaten-Brot mit Extras) ein. Hier gibt's sogar einen Angestellten, der den ganzen Tag nichts anderes zu tun hat, als Schinken aufzuschneiden. C/.Botería, 3, Tel. 971 71 48 63, ab 13.30 u. 20.30 Uhr geöffnet, bis die letzten Gäste gehen, So geschlossen.*

ein unbedingtes Muss, und in ihren kolossalen Ausmaßen beeindruckt sie mit Sicherheit auch jedes Kind. Wie man auf alten Stichen und Gemälden sehen kann, schlugen in vergangenen Jahrhunderten noch die Wellen des Meeres an die Stadtmauern, die die Kathedrale zur See hin schützten. Heute lädt der Parc de la Mar mit Fontäne, Restaurant, Palmen und Bänken zum Verschnaufen ein und im Sommer zu Musikveranstaltungen. Der Eingang der Kathedrale ist nur über die Plaça Palau Real erreichbar, und oft müssen Sie eine Besucherschlange in Kauf nehmen.

Im Inneren beeindrucken die über 20 Meter hohen Säulen, das sich in der riesigen Fenster-Rosette und den übrigen Glasmosaiken brechende Licht, die vielen Seitenaltäre sowie im Altarraum der eigentümliche Jugendstilleuchter des

Prächtige Jugendstilfassade in Palma

berühmten katalanischen Architekten und Künstlers Antoni Gaudí. Neuerdings ziert die Kathedrale auch ein aus Keramik gefertigter Seitenaltar des mallorquinischen Künstlers Miquel Barceló mit einer imponierenden Darstellung der Speisung der 5.000.

Über 750 Jahre wird nun schon an Palmas Dom gebaut und erneuert. Der gelbe Sandstein, aus dem König Jaume I. ihn hat erbauen lassen, ist empfindlich gegen Wettereinflüsse und Abgase. Der Christenkönig hatte 1229, als er bei seiner Angriffsfahrt gen Mallorca mit seiner Flotte in ein gewaltiges Unwetter geriet, gelobt, der Muttergottes eine Kirche errichten zu lassen, wenn er die Insel erreichen und seine Truppen die bevorstehende Schlacht gewinnen sollten. An der Stelle, an der bis dahin die maurische Moschee gestanden hatte, ließ Jaume dann die Kathedrale bauen, nachdem er im Namen Christi allein in Palma über 20.000 Andersgläubige hatte töten lassen.

Altstadt und Königspalast

Wenn Sie aus der Kathedrale herauskommen, versäumen Sie nicht, in den engen Gassen der Portella, des Altstadtviertels, in die Patios, die Innenhöfe, hineinzuschauen. Längst nicht alle sind offen für neugierige Blicke – aber zumindest der Palacio Can Olesa im Carrer Morey oder der Palau d'en Vivot im Carrer d'es Convent de Sant Francesc. Wo heute Autos in den Höfen parken, standen früher die Pferde der Adelsfamilien oder ihre Kutschen. Durch die breiten Torbögen konnten sie direkt vorfahren.

Gleich neben der Kathedrale steht der **Almudaina-Palast**. Einst war er Sitz der

maurischen Wesire, bis König Jaume I. ihn 1229 eroberte und zu seinem Regierungssitz machte. Heute ist dort die Militärverwaltung der Balearen untergebracht und gelegentlich residiert hier auch König Juan Carlos von Spanien. Wenn er auf Mallorca Urlaub macht, wohnt er mit seiner Familie im Palast Marivent außerhalb von Palma und geht hier, im Almudaina-Palast, seinen Amtsgeschäften nach.

Hafenbesuch

Schräg gegenüber der Kathedrale, am Denkmal des Philosophen Ramón Llull (siehe auch Tour 3, S. 46) und an den hohen Palmen des Passeig de Sagrera vorbei, liegt der **Fischereihafen** – der kleinste, aber romantischste Teil des Hafens. Hier sind die meterlangen Netze ausgebreitet, um von den Fischern geflickt zu werden. In der Llotja, der

So frischen Fisch gibt's bei den Händlern in der Markthalle (S. 65)

Fischbörse unweit der Kathedrale am Passeig de Sagrera, werden ganz früh morgens frisch gefangene Fische und Meeresfrüchte verkauft. Und wenn Sie jetzt eine Pause benötigen: Hier gibt's auch eine große Cafeteria mit dem passenden Namen Puerto Pesquero (Fischerhafen).

Hoch zum Schloss

Zum Laufen zu weit ist das **Castell de Bellver** hoch über der Stadt – aber es gibt ja Taxis, und die Fahrt dorthin kostet vom Hafen aus nicht mehr als acht Euro [April-Sep Mo-Sa 8-20.15, So 10-19, Okt-März Mo-Sa 8-19.15, So 10-17 Uhr, Eintritt: € 2 pro Person]. Dafür haben Sie von dort oben den schönsten Blick auf die ganze weiße Stadt, das blaue Meer, den Hafen mit seinen unzähligen weißen Jachten und den großen Fährschiffen bis hin zum Randa-Berg, dem

---

Kühler Tipp für heiße Tage

*Nicht weit vom Plaça Cort versteckt sich in der Gasse Can Sanç, 11, das **Can Juan de S'Aigo**, ein gemütliches Café im Jugendstildekor. Hier wird seit Jahrhunderten Eis verkauft: früher Eis zum Kühlen, das man mit Eseln aus den Schneehäusern in den Bergen holte, später selbst gemachtes Speiseeis. Man ist stolz darauf, nur natürliche Zutaten zu verwenden. Lecker sind auch die Ensaïmadas, die Schmalz-Hefeteig-Schnecken. Dazu trinken Insulaner eine heiße Schokolade (Tasse: € 1,50) – ein süßes Vergnügen und ein heißer Tipp für kühle Tage.*

Schiff ahoi zur Hafenrundfahrt

Cruceros sind einstündige Schiffstörns, die durch den Jachthafen bis unter das Castell de Bellver und durch den Fischereihafen führen. Ein nicht ganz billiges Vergnügen, das aber tolle Aussichten auf Palma vom Meer aus bietet und an heißen Tagen für Abkühlung sorgt (Anleger am Passeig Marítim vor dem Auditorio, Tel. 608 63 67 75, Erw. € 9, Kinder bis 12 J. € 4,50, unter 6 J. frei, Abfahrten stündlich zwischen 11 und 16 Uhr).

Tafelberg im Landesinneren. Im kreisrunden, prächtigen Innenhof des Schlosses finden im Sommer Konzerte statt, und zwar dort, wo früher Könige residierten und Ende des 15. Jahrhunderts verfolgte Juden zusammengepfercht und später als lebende Fackeln von den Schlossmauern geworfen wurden. Richtig gruselig sind auch die dunklen Kerker im Schlossturm, zu denen eine Wendeltreppe hinabführt.

Kehren Sie dann zurück ins „richtige" Leben, am besten direkt zur Plaça Espanya mit ihrem bunten, fröhlichen Treiben. Von hier aus fahren Sie mit dem Bus oder mit dem Auto in Ihren Ferienort zurück oder – wenn Sie und Ihre Kinder noch Lust und Puste haben – weiter in den Freizeitpark „Marineland" nach Portals Nous (siehe S. 97).

Tour 8: Vom Bilderbuchdorf zum Naschhof

Deià • Valldemossa • Port de Valldemossa • Sa Granja/Esporles • Port d'es Canonge

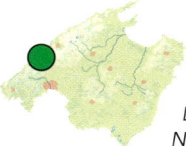

Wo: an der Nordwestküste der Insel — Wie: mit dem Auto — Dauer: Tagesausflug — Nicht vergessen: Badezeug und -schuhe

Auch dieser Tagesausflug ist ohne Auto nicht zu machen. Obgleich es heute ins Gebirge der Tramuntana geht, haben Sie hier — bei gutem Wetter — auch Badebuchten im Programm. Nur sind die an der insgesamt sehr steilen und felsigen Westküste kaum sandig. Nehmen Sie also unbedingt Badeschuhe mit. Am Anfang der Tour steht ein bisschen Kultur, am Ende dafür eine vor allem für Kinder bunte Mischung aus Inseltradition und Folklore.

Fahren Sie zunächst Richtung Sóller (siehe Tour 9, S. 76). Das von Bergen umschlossene Städtchen im Tramuntana-Gebirge ist ganz leicht und schnell mit dem Wagen zu erreichen, nämlich durch einen Autotunnel durch die Serra d'Alfabia. Wieder am Tageslicht, bleiben Sie auf der C-711, lassen Sóller rechts liegen und fahren links ab in Richtung Andratx auf die Bergstraße C-710, deren Ausbau von Naturschützern vehement bekämpft wird. Diese **Panoramastraße** (Mautgebühr) zwischen Sóller und Valldemossa zählt zu den schönsten Europas. Hinter jeder Kurve eröffnet sich ein

neuer Ausblick, präsentiert sich eine Überraschung — so z.B. nach ein paar Kilometern ganz unten am Meer Lluc Alcari, das kleinste Dorf Mallorcas, mit seinen ockerfarbenen Sandsteinhäusern,

Der Häuserberg von Deià — ein Künstlerdorf in bester Lage

Die Durchlöcherte

„Na Foradada" heißt „die Durchlöcherte". An der so benannten Halbinsel legte 1868 der österreichische Erzherzog Ludwig Salvator mit seiner Jacht „Nixe" an. Er verliebte sich in Mallorca und seine Menschen und lebte etliche Jahre hier. Er beherrschte 14 Sprachen und schrieb über 70 Bücher, darunter das siebenbändige Werk „Die Balearen in Wort und Bild", das Mallorca in Europa bekannt machte. Er liebte die Natur und rettete z.B. die alten Olivenbäume vor dem Abholzen.

hohen Palmen und lilafarbenen Bougainvilleen vor dem dunkelblauen Meer. Oder später der Häuserberg von **Deià**, dem berühmten Künstlerdorf, gekrönt von seiner kleinen Pfarrkirche und dem Friedhof, auf dem neben vielen Künstler-Berühmtheiten auch der Schriftsteller Robert von Ranke-Graves („Ich, Claudius, Kaiser und Gott") begraben liegt. Wer sich die Zeit gönnt und hinauffährt, wird belohnt mit unermesslicher Ruhe und einem himmlischen Weitblick bis zum Meer.

Olivenbäume, Felslöcher und ein Tempelgarten

Zwischen Deià und Valldemossa wurzeln uralte knorrige Olivenbäume; wer Fantasie hat, kann Gesichter, Fratzen, Gestalten in ihren mehrhundertjährigen Stämmen erkennen. Olivenbäume brachten vor mehr als 2.000 Jahren die Römer nach Mallorca mit, weil sie nicht auf ihr gewohntes Olivenöl verzichten wollten. So wie heute die Mallorquiner, die fast alles damit kochen.

Hinter Deià gibt's einen unbedingten Stopp: den **Aussichtsplatz auf Na Foradada**, eine kleine, vorgelagerte Halbinsel mit einem Riesenloch im Felsen, 18 Meter im Durchmesser, durch das man das Meer sieht. Links vom Aussichtsplatz und dem Restaurant **Mirador Son Marroig** [Tel. 971 63 90 26. Do geschlossen] liegt ein Anwesen mit einem kleinen, weißen Tempel: **Son Marroig**, der einstige Altersruhesitz von Erzherzog Ludwig Salvator, der dieses Haus und noch viele andere zwischen Deià und Valldemossa aufgekauft und restauriert hat. Son Marroig ist heute ein kleines Museum zum Gedächtnis an den Habsburger, sein Garten mit dem ionischen Tempel aus Carrara-Marmor, den der Erzherzog aus Italien kommen ließ, einfach ein Idyll [Tel. 971 63 91 58, info@sonmarroig. com, www.sonmarroig.com. Tägl. 10-20, im Winter nur bis 17 Uhr. € 3, Kinder bis 10 J. frei].

Pilgerfahrt zur Klosterzelle

Von Sóller aus gerechnet, erreicht man **Valldemossa** nach 28 km, leider von seiner Rückseite – und da sieht kein Ort besonders schön aus. Deshalb fahren Sie erst einmal weiter in Richtung Palma, bis Sie weit unterhalb von Valldemossa irgendwo wenden können. Fahren Sie wieder dieselbe Straße bergauf – und nun haben Sie die Schokoladenseite, die ganze Pracht, um deren Beschreibung kein Reiseführer herumkommt, vor sich: diesen Berg schmalbrüstiger Häuser, gestaffelt auf alten Steinterrassen, umgeben von blühenden Gärten und gekrönt von der Pfarrkirche auf der einen und dem berühmten Kloster auf der anderen Seite. Kaum ein Stadtbild auf Mallorca ist so bilderbuchschön. In den Ort kommt man nur zu Fuß, den Weg und den Parkplatz können Sie aber nicht verfehlen. Und genauso wenig die **Cartuja**, die Kartause, für die Valldemossa so berühmt ist [Real Cartuja, Tel. 971 61 21 06. Mo-Sa 9.30-18.30, im Winter bis 16.30, So immer 10-13 Uhr. Im Winter bitte vorher anrufen, ca. 90-minütiger Rundgang mit Chopin-Konzert € 7,50, Kinder bis 10 J. frei]. Gemeint ist das Kartäuserkloster, genauer gesagt ein paar Zellen, in denen der Komponist und Pianist Frédéric Chopin und seine Geliebte, die Schriftstellerin George Sand, sowie deren Kinder vor 170 Jahren als Feriengäste gewohnt haben. Deshalb pilgern hier jährlich rund 300.000 Besucher her, deshalb ist das Kloster zwischen 10 und 16 Uhr brechend voll. Wenn Sie also nicht schon ganz früh dort sind, müssen Sie sich schieben lassen vom Besucherstrom. Egal, es lohnt. Allein wegen der uralten Klosterapotheke, vor allem aber wegen der hübschen, kleinen Gärtchen

Das Tempelchen von Son Marroig, ein Erbe des Großherzogs

mit den vielen blühenden Blumen und dem weiten Ausblick in die Ebene. Hier schrieb der polnisch-französische Komponist sein berühmtes „Regentropfen-Prélude" und seine Geliebte George Sand ihr Buch „Ein Winter auf Mallorca", das man heute – auch auf Deutsch – überall auf Mallorca kaufen kann.

Zwischen Deià und Valldemossa: das Felsloch Na Foradada

Malerisches Dorf-Idyll

Auch wenn alle Welt sich im Kloster drängt – noch viel beeindruckender ist das Dorf selbst. Deshalb lenken Sie Ihre Schritte nach der Klosterbesichtigung schnell vom Ober- ins Unterdorf, malerisch mit kopfsteingepflasterten Gässchen, vor fast jeder Tür üppig grünende und blühende Pflanzen in irdenen Töpfen, malerisch posierende Katzen, das Gezwitscher von Kanarienvögeln in Vogelbauern. Und an jeder Tür ein Kachelbild mit einem Motiv aus dem Leben der heiligen Catalina von Valldemossa. In der Gasse neben der Pfarrkirche finden Sie deren Geburtshaus mit einer winzigen Kapelle und den Catalina-Brunnen mit ihrem Standbild, hübsch umrahmt vom Grün der Farne und von Wasser umplätschert.

Catalina Tomàs wurde 1531 hier in Valldemossa geboren und arbeitete als Magd. Klug soll sie gewesen sein und ungewöhnlich fromm; dafür wurde sie vom Papst sogar heilig gesprochen. Die Beata (Selige) ist die einzige „echte" Heilige, die Mallorca hat. Vor etwa 30 Jahren hatte ein Pfarrer die Idee mit den Kacheln. Seither schmücken etwa 50 verschiedene Motive die Hauswände Valldemossas. Auf allen ist der Spruch zu lesen: „Heilige Catalina Tomàs, bitte für uns". Beim Spaziergang durchs Unterdorf erhascht man manchmal auch einen Blick ins Innere der Häuser, sieht eine Frau häkeln oder die gute Stube, blankgeputzt für das nächste Familientreffen.

Den Rückweg zum Parkplatz sollten Sie sich mit einer Leckerei aus der Bäckerei (Panadería) Can Molinas versüßen: mit einer Coca de patata, einer Spezialität von Valldemossa, die hier keiner besser

Ölmühle am Mönchsberg

*Auf dem Weg von Deià nach Valldemossa liegt auf einer Anhöhe rechts das **Restaurant Can Costa**, eine ehemalige Ölmühle, gemütlich und urig. Auf den rustikalen Tisch kommen mallorquinische Gerichte. Für Kinder gibt's Ausweichessen. Als „Vorspeise" oder „Nachtisch" lohnt die Auffahrt (gegenüber) zu den bärtigen Mönchen der **Einsiedelei Els Ermitans** (fünf Minuten mit dem Auto, ausgeschildert). Can Costa, Tel. 971 61 22 63, km 2,5 der Landstraße Valldemossa–Deià; Di geschlossen.*

bäckt. Sie sieht aus wie Berliner, ist jedoch nicht gefüllt und wird mit Puderzucker bestreut. Eine Köstlichkeit, für die Mallorquiner extra nach Valldemossa fahren. Vor allem, wenn's heiß ist, aber auch sonst empfiehlt sich ein Abstecher zum kleinen Hafen von Valldemossa. Nehmen Sie die Straße nach Deià und verlassen Sie diese gleich wieder beim Schild „**Port de Valldemossa**". Von nun an geht's bergab, in engen Kurven, bis Sie nach etwa sieben Kilometern den Fischerhafen erreichen.

Direkt daneben öffnet sich eine kleine, steinige Badebucht ohne viel Sand, die selbst in Augusttagen nicht überlaufen ist. Auch wenn oberhalb des Hafens neuere Ferienhäuser gebaut wurden, die alten Fischerhäuschen, die winkligen Gassen, die bunten Fischerboote und der Steinstrand müssen zu Chopins Zeiten

ähnlich romantisch ausgesehen haben. Für Ihr leibliches Wohl sorgt ein kleines Restaurant mit Meerblick und frischem Fisch aus der Bucht.

Feudaler Lebensstil

Sollten Sie weniger aufs Baden erpicht sein, können Sie auch gleich von Valldemossa aus die Straße nach Andratx wählen und direkt nach **Sa Granja** fahren [ca. 1 km von der C-710 Ri. Esporles an der Straße nach Puigpunyent bei km 2, Tel. 971 61 00 32, info@lagranja. net, www.lagranja.net. Tägl. 10-19, im Winter bis 18 Uhr, Erw. € 9,50; Mi u. Fr 15.30 Uhr Folkloreshow, Erw. € 11; Kinder jeweils die Hälfte].

Das ehemalige Landgut liegt leicht erhöht, umrahmt von immergrünen Bäumen. Seine Geschichte geht zurück auf die arabische Besatzungszeit, später ging Sa Granja (wörtlich: Landgut) in christlichen Besitz über, zuletzt diente es als feudaler Herrensitz und seit den 1960er-Jahren als Museumsfinca. Dennoch ist Sa Granja absolut nicht museal.

Handwerk zum Anfassen

Anschaulicher kann man nicht zeigen, wie Handwerksstuben früher aussahen. Vor allem, wenn freitags und mittwochs nachmittags Leben in die Stuben kommt, wenn mallorquinische Bäcker, Töpfer, Weber, Schmiede oder Flechter vor den Augen der Besucher und in alten Trachten ihr Handwerk demonstrieren. Oder die herrschaftlichen Räume im ersten Stock, der Belle Etage des Anwesens: Sie gestatten einen guten Einblick ins feudale Landleben wohlhabender Patrizierfamilien aus Palma. In der Regel dienten solche Landgüter als Sommersitz und zugleich als autonome Gutshöfe mit landwirtschaftlichen und handwerklichen Betrieben. Und wie Sie sehen können, auch mit eigener Kirche, einem Theater, einem Weinkeller und einer Folterkammer.

Rund 60 Stationen umfasst der markierte Rundgang inklusive lauschiger Innenhöfe, arabisch beeinflusster Gärten und Tierställen mit inseltypischen Haustierrassen. Und dann gehört zum Programm noch das „Mallorquinische Fest", das von einer Folkloregruppe mit Gesang

Was ist eine Finca?

Finca bezeichnet im Spanischen eigentlich ein Grundstück oder ein Stück Land. Es hat sich jedoch eingebürgert, auch das Landhaus darauf Finca zu nennen; meist ein rustikales Haus aus ockerfarbenem Sandstein, wie er auf Mallorca abgebaut wird. Mallorca ist reich an schönen, oft burgähnlichen Fincas mit Pool, die auch als Wochenendhäuser genutzt und als Ferienhäuser international angeboten werden.

Eine seltsame Familie

Im November 1838 kamen Frédéric Chopin und George Sand mit ihrem 15-jährigen Sohn Maurice, ihrer 10-jährigen Tochter Solange sowie einer Zofe in Valldemossa an. Weil im Kloster keine Mönche mehr lebten, hatte man einige Zellen zu Wohnungen umfunktioniert. Darin wohnten die fünf einen kalten Winter lang. Heizung gab es nicht und so froren sie fürchterlich. Zudem war Chopin sehr krank – mallorquinische Ärzte meinten, er sei schwindsüchtig. Deshalb und weil George Sand Männerhosen trug, Zigarren rauchte und nicht mit Chopin verheiratet war, hatte die Familie viel auszustehen. Die Mallorquiner wussten damals nicht, welche Genies bei ihnen zu Gast waren. Von Mallorca enttäuscht, reisten alle 1839 nach Frankreich zurück.

und Tanz im Garten zelebriert wird. Wer Lust hat, darf sogar mitmachen. Dazu werden mallorquinische Weinsorten aus dem Fass ausgeschenkt, für den Nachwuchs gibt's Saft.

Abend am Meer

Wer bei Valldemossa nicht hinunter zum kleinen Strand gefahren ist, kann nun das Baden im Meer in der kleinen Bucht von **Port d'es Canonge** nachholen. Dazu fahren Sie in Richtung Bayalbufar und gleich nach der Abzweigung rechts hinunter. Es ist eine ähnlich kurvenreiche, sehr schmale und schlechte Straße wie die zum Hafen von Valldemossa.

Aber an ihrem Ende locken ein winziger Hafen mit Fischerbooten und eine kleine, mit trockenen Algenhaufen bedeckte Kieselsteinbucht, umrahmt von rotem Felsgestein. Mit dem intensiven Geruch nach Meer, Salz und Fisch und einem erfrischenden Bad mag der Ausflugstag hier enden.

Tour 9: Ruckelige Bahn und wilde Schlucht

Palma • Sóller • Port de Sóller • Sa Calobra • Fornalutx

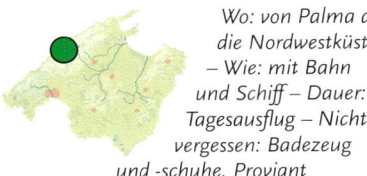

Wo: von Palma an die Nordwestküste – Wie: mit Bahn und Schiff – Dauer: Tagesausflug – Nicht vergessen: Badezeug und -schuhe, Proviant

Für diese Tagestour brauchen Sie kein Auto, es sei denn, Ihr Bus zurück von Palma fährt vor dem Eintreffen der Bahn aus Sóller ab. Sie werden mit Bus, Bahn und Schiff unterwegs sein, und das setzt ein bisschen Planung voraus. Damit die nicht zum Stress wird, sind die Abfahrtszeiten der Bahn im Infoblock am Ende der Tour angegeben.

Der Tag beginnt mit der Busfahrt nach **Palma**. In der Hauptstadt an der Plaça Espanya angekommen, ist der Bahnhof, der **Ferrocarril de Sóller** nicht zu übersehen. Seien Sie nicht erschrocken, wenn vor dem Fahrkartenschalter eine lange Schlange steht. Sie kommen ziemlich sicher mit dem „Urlauber-Sonderzug", der um 10.50 Uhr abfährt, mit. Wer keinen Platz in der 1. Klasse ergattern konnte, sollte bei der Ankunft in Sóller wenigstens mal einen Blick in den einzigen Waggon der 1. Klasse werfen: alles in feinstem Mahagoni, die Griffe aus Messing und die Sitzplätze aus Leder. Die Wagen der 2. Klasse bieten nur Holzbänke. Die private Sóller-Bahn dürfte übrigens eine der wenigen Bahnlinien sein, die Gewinn einfährt; viele

Sóllerics haben Aktienanteile an ihr erworben – damals, 1912, als der Zug noch von einer Dampflokomotive gezogen wurde. Erst 1929 sattelte man um auf eine deutsche Elektrolok von Siemens. Heute transportiert das wackere Bähnlein rund eine Million Fahrgäste pro Jahr, vor allem Touristen [Sóller-

Sie prägen das Tal von Sóller: Orangenbäume mit ihren saftigen Früchten

Echt cool

Was einen Stadtbummel durch Sóller für Kinder (und Erwachsene!) versüßt? Ein Besuch in **Sa Fábrica de Gelats** *– zu Deutsch: Eismanufaktur! Eine der besten Eis-Adressen auf der Insel. Aus natürlichen Substanzen hergestellt, lassen sich die cremigen Kreationen echt cool schlecken. Dazu bietet eine einladende Gartenterrasse eine erholsame Pause im anstrengenden Ausflugsprogramm. Die „Eisfabrik" befindet sich im Ortszentrum, gegenüber der Markthalle (Tel. 971 63 17 08, tägl. geöffnet).*

Eisenbahn, Station an der Plaça Espanya, Tel. 971 63 03 01, info@trendesoller.com, www.trendesoller.com. Abfahrt tägl. 8, 10.10, 10.50, 12.15, 13.30, 15.10, 19.30, Urlauber-Sonderzug um 10.50 Uhr, Rückfahrt von Sóller nach Palma: tägl. 7, 9.10, 10.50, 12.15, 14, 18.30 Uhr, die Fahrt dauert eine Stunde; Rückfahrkarte 2. Klasse Erw. € 14, Kinder (2-6 J.) € 7].

Fotostopp in den Bergen

Bei dieser Eisenbahn handelt es sich also um ein seltenes Prachtexemplar aus vergangenen Zeiten. Deshalb ist eine Fahrt mit ihr auch ein unbedingtes Muss. Nur, es ruckelt und zuckelt so sehr, dass fotografieren während der Fahrt schier unmöglich ist. Die Betreiber hatten eine blendende Idee: Hoch oberhalb der Stadt Sóller bleibt die Bahn (aber nur die um 10.50 Uhr!) einfach stehen und alle können auf freier Strecke aussteigen, den Zug und zugleich den Blick auf die Stadt fotografieren.

Die Strecke führt zunächst durch etwas triste Vororte von Palma, hält einmal in Son Sardina und ein zweites Mal in Bunyola. Durch die blühende Gartenlandschaft dieses hübschen Dorfes geht's langsam bergauf. Später schnauft der „Rote Blitz", wie Gäste die Schmalspurbahn ebenso liebevoll wie spöttisch getauft haben, durch die ersten der gesamt 13 Tunnel. Etwa ein Fünftel der insgesamt 27 Kilometer liegt im Dunkeln, was die einen besonders erfreut, andere offensichtlich etwas beunruhigt.

Das Land, wo die Zitronen und Orangen blühn

Nach dem Fotohalt geht's hinunter nach **Sóller**, und schon beim Passieren der ersten Gärten wissen Sie, warum man hier vom „Goldenen Tal" spricht, streift

Naturspielplatz

Die Mündung des Torrent des Pareis bei Sa Calobra bietet nicht nur einen Kiesstrand. Im hinteren Teil, zwischen Mündung und Schlucht, hat der Wildbach ein tolles Terrain zum Spielen geschaffen: Zwischen Büschen und Bäumen, Felsbrocken und Kiesablagerungen lässt sich hervorragend Verstecken spielen, zumal Bachreste für kleine Hindernisse (und Erfrischung) sorgen. Wenn der Bach gerade gar kein Wasser führt, springt man ins Meer!

Torrent des Pareis: Baden im Meer oder im Wildbach

der Zug doch fast die Orangen- und Zitronenbäume rechts und links des Gleises. Wer zwischen November und Mai hierher kommt, erlebt die Orangerie Sóller in ihrer vollen Pracht. Wenn man Glück hat, findet man sogar Bäume, an denen alles gleichzeitig zu sehen ist: die herrlich duftenden, weiß-rosafarbenen Blüten, die noch unreifen grünen und die schon reifen gelben bzw. orangefarbenen Früchte.

Produkte aus Orangen und anderen Naturalien können Sie gleich im kleinen Lädchen „Fet a Sóller" im Jugendstil-Bahnhof in Sóller erstehen.

Rot wie ein Spielzeug ist die **Straßenbahn** von Sóller, die am Bahnhof auf Sie wartet. Sie darf sich rühmen, heute Mallorcas einzige Straßenbahn und so alt wie die Eisenbahn von Sóller zu sein. Beide wurden 1912 eingeführt, um den bis dahin völlig abgeschnittenen Ort mit dem Rest der Insel bzw. Sóller mit seinem Hafen zu verbinden [Tramvía, Tel. 971 63 01 30. Im Anschluss an die Eisenbahn und im Halbstundentakt. Bahnhof—Hafen, ca. 10 Min. Fahrtdauer, Erw. € 3, Kinder (3-6 J.) € 1,50].

Zum Hafen

Genau deshalb sollten Sie jetzt auch die luftigen, weil offenen Waggons besteigen und zum Meer zuckeln. Mit Gebimmel rattern Sie über den wunderschönen Marktplatz des Städtchens und weiter durch Orangengärten bis zum **Hafen**. Von der Straßenbahn aus erkennen die Ausflügler gut die riesigen „Tausender", die Sóller ein solch mildes Klima bescheren, weil sie vor rauen Winden schützen. Sóller ist ein gutes Beispiel für die Zweiteilung vieler mallorquinischer Orte in einen Hafen- und in einen dahinter gelegenen geschützteren Teil. Auch hier gab es das ausgeklügelte Warnsystem durch die Wächter auf den Talaias, den Piratentürmen, wie sie später vom Schiff aus zu sehen sind.

Schiff ahoi!

Von der Endstation am Hafen zum Anleger sind es nur ein paar Schritte. Den mittags startenden Katamaran zur Bucht von **Sa Calobra** können Sie gut schaffen. Sichern Sie sich am besten einen Platz an Deck, denn nur während der Fahrt durch den kreisrunden Naturhafen von Sóller bleibt die Fahrt ruhig. Bald nach der Umrundung des Leuchtturms und der Mole sorgt die offene See für mehr Bewegung. Gut eine Stunde werden Sie auf dem Meer sein, und was Sie zu sehen bekommen, ist einmalig schön: imposante Felswände, die senkrecht ins Meer abfallen, mächtige Piratentürme, sturmgepeitschte Kiefern, die sich an die Felsen klammern, und immer wieder das tiefblaue Meer mit der weißen Bugwelle

Suchspiel in Fornalutx

*Beim Umherstöbern im bergigen Fornalutx, dem Dorf unter Denkmalschutz, sieht man an den vielen Treppengassen auch Straßenschilder. Irgendwo ist der **Carrer de Sa Font**. Wer den wohl zuerst findet? Dort nämlich gilt es an zwei Häusern etwas Besonderes zu entdecken. Dazu muss man allerdings hochschauen und versuchen, sich nicht von der Sonne blenden zu lassen. Kleine Hilfe: Vom Platz aus muss man sich nach rechts unten wenden (Auflösung siehe S. 79 unten).*

des **Schiffs** [von Port de Sóller nach Sa Calobra, Tramontana S.L., Tel. 971 63 87 22. Abfahrt Mai–Okt tägl. 10, 12.45, 15 Uhr, vor der Abfahrt im Hafen an der Mole nach der Rückfahrt von Sa Calobra erkundigen].

Picknick im Bachbett

Nach der Einfahrt in den Minihafen von Sa Calobra führt der Weg durch zwei Tunnel zum eigentlichen Ziel: zur Mündung des **Torrent des Pareis** (siehe Kasten S. 76). Der im Sommer oft völlig ausgetrocknete Bach hat wie alle Torrents der Insel keine Quelle, wird also nur von Regenwasser gespeist. In den Sommermonaten kann man deshalb wunderbar in dem breiten Mündungstal herumlaufen und irgendwo auch sein Picknickplätzchen finden. Am besten ist es dort, wo der Blick frei ist auf die senkrecht aufragenden Felsen, die die Mündung

Steinerne Treppengasse im „schönsten Dorf Mallorcas" Fornalutx

flankieren und wie ein Riesentor das Meer umrahmen. Den natürlichen Badeplatz dazwischen wollen selbstredend alle nutzen – egal, für eine Abkühlung langt's. In Sa Calobra wurden auch mehrere Restaurants für die Tagesausflügler errichtet, sie sind in der Regel jedoch so voll und in ihrem Angebot so touristisch, dass Sie mit einem mitgebrachten Picknick in jedem Fall besser dran sind. Spätestens mit dem Dampfer, der gegen 16 Uhr (bitte immer noch einmal nach der genauen Rückfahrtzeit fragen!) ablegt, müssen Sie wieder zurück nach Port de Sóller. Auch jetzt wartet wieder die Straßenbahn auf Sie, sodass Sie dann sogar noch in den Genuss des **Marktplatzes von Sóller** kommen, wo Sie direkt aussteigen und erst später zum Bahnhof laufen können. Neben dem Marktplatz von Pollença ist der von Sóller der schönste auf der Insel. Umrahmt wird er von Cafés und Läden sowie von der zwar nicht schönen, aber doch sehr imposanten Fassade der Pfarrkirche. Auf der Plaça ist immer Leben, sie ist Treffpunkt für Jung und Alt, Einheimische und Fremde. Ein schöner Platz und ein schöner Abschluss, bevor es wieder zurück in die Hauptstadt geht.

„Schönstes Dorf" Mallorcas

Für alle, die nicht mit dem Schiff nach Sa Calobra wollen, sei ein Abstecher nach **Fornalutx** als Alternative empfohlen. Nach der Ankunft in Sóller fahren Sie nicht gleich mit der Straßenbahn zum Hafen weiter, sondern schlendern gemütlich zum Marktplatz. Dort nehmen Sie ein Taxi zum 3,5 Kilometer entfernt gelegenen Fornalutx. Der Fahrer wird sie mitten im Ort an der Plaça Espanya

absetzen. Von dort können Sie in Ruhe dieses zu Recht zweimal ausgezeichnete Dorf erkunden. Treppauf, treppab finden Sie stets ein neues Idyll: alles im Ocker des Sandsteins gebaut, Altes original restauriert, malerische Winkel mit blühenden Bougainvilleen und dösenden Katzen, mit sauber gefegten Treppchen und schweren, alten Holztüren.

Aber diese Idylle muss erklettert werden: Fornalutx ist ein verschachteltes Bergdorf, das sich nur dem erschließt, der sich Zeit und Muße nimmt. Zur Belohnung für die Mühe gibt's danach an der Plaça Espanya im Eck-Café einen „zumo de naranja natural", ein Glas frisch ausgepressten Orangensaft.

Nach Sóller zurück geht's abwärts, mit herrlichen Panoramablicken auf Sóller und die große L'Ofre-Felswand. Alles in allem sollten Sie für diesen Ausflug von Sóller nach Fornalutx zwei bis drei Stunden rechnen.

Auflösung aus dem Suchspiel: Die Häuser mit den Nummern 7 und 8 haben Malereien in Rostrot und Beige an der Unterseite der überhängenden Dachziegel: Blumen und Schiffe, Menschen und Tiere, Schrift und Zahlen (wie das Jahr 1778, als die Häuser erbaut wurden) sind zu erkennen. Die Darstellungen erinnern an dramatische Ereignisse im Dorf. Die Ziegel über dem Eingang zur Kunstgalerie la Galería am Carrer d'Alba sind zwar ähnlich, jedoch nachgemacht!

Tour 10: Zur „Schwarzen Königin"

Inca • Selva • Lluc

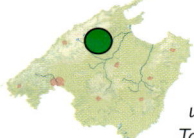

Wo: im Norden der Insel, im Tramuntana-Gebirge – Wie: mit dem Auto und zu Fuß – Dauer: Tagesausflug – Nicht vergessen: Verpflegung

Inselheiligtum: die Schwarze Madonna von Lluc

Ein Donnerstag wäre nicht schlecht für diesen Auto-Wander-Picknick-Tag. Dann nämlich ist in **Inca** Wochenmarkt. Und der ist bunt und ein bisschen städtischer als in den kleinen Dörfern. Außerdem können Sie dort gleich Obst und andere Zutaten für Ihr Picknick in Lluc besorgen und dazu in den Straßen rund um die Plaça Espanya, wo der Markt stattfindet, in einer der vielen Bäckereien Ihren Nachtisch kaufen. Inca ist berühmt für seine guten Süßigkeitenläden.

Inca ist außerdem Mallorcas drittgrößte Stadt und wird in den meisten Reiseführern zu Unrecht meist sehr stiefmütterlich behandelt. Das restaurierte Ortszentrum mit der Plaça Espanya, dem repräsentativen Rathaus und ruhiger Fußgängerzone ist recht hübsch (die Vorhalle beherrschen, ähnlich wie im Rathaus von Palma, zwei Gigantes, riesige Figuren, die das Volk verkörpern sollen). Inca ist auch bekannt für seine guten Cellers, ehemalige Weinkeller, die zu Kellerlokalen umgebaut wurden und in denen man gute, traditionelle Inselküche bekommt (siehe Kasten S. 81). Und dann ist Inca Mallorcas „Lederstadt". Vor allem Schuhe sind recht preiswert. Die Auswahl ist groß in den Verkaufshallen von Asinca, Munper und Antony's Conexion an der Landstraße Inca–Palma. Hier ist auch der Outlet-Shop der Camper-Fabrik zu finden, wo die Trend-Treter mit der genoppten Sohle produziert und erheblich preisgünstiger als in Deutschland verkauft werden.

Ins Gebirge

Sehr reizvoll ist die Strecke nach Lluc über **Selva** zur Zeit der Mandelblüte Ende Januar, Anfang Februar. Unabhängig von der Jahreszeit ist der schöne Anblick von Selva, hoch oben auf einem

Hügel mit einer viel zu großen Kirche, auf die die Landstraße schnurgerade zuführt. Der Ort selbst lohnt kaum – also fahren Sie besser gleich weiter in Richtung Caimari mit seinen durchs Hochgebirge windgeschützten Gärten hinauf in die Berge. Jetzt wird's kurvig, steil und waldig. Auf der linken Seite beeindrucken Steinterrassen mit uralten Olivenbäumen. Manche sollen 1.000 Jahre alt sein und manche sehen aus wie Dinosaurier.

Gelegentlich kreuzt ein Wanderweg die Autostraße. Das ist der alte Hirten- und Pilgerpfad aus dem Tal nach Lluc, heute ein Wanderweg mit Rastplätzen und zum Teil herrlichem Weitblick in die Ebene von Sa Pobla und Muro; Panoramen, die Sie bei einem kurzen Halt jedoch auch gut von der Straße aus erleben können.

Kurz hinter der Passhöhe und einer Tankstelle geht's wieder leicht bergab, und dann sehen Sie schon im Talgrund die mächtige, beeindruckende **Klosteranlage von Lluc** [Tägl. 10-17.30. Mitte Sep-Mitte Juni tägl. 11.15, So 11 Uhr Auftritt der Blavets (Sänger), Eintritt frei. Museum, Tel. 971 51 70 25. Tägl. 10-13.30 u. 14.30-17 Uhr, Erw. € 3, Kinder (15-18 J.) € 1,80, bis 15 J. € 1,30].

Kein anderes Kloster Mallorcas hat diese Ausmaße, demonstriert so kolossal die frühere Macht der katholischen Kirche. Kaum ein Insulaner, vor allem unter den Älteren, der nicht mindestens einmal hier war. Viele übrigens während der Marxa (sprich: Marscha), einer alljährlich am letzten Sonntag im Juli stattfindenden Wallfahrt zu Fuß (!), an der sich an die 20.000 Menschen beteiligen. Von Palma nach Lluc – kein Wunder, dass nur ein Bruchteil der Pilger das Ziel erreicht!

Die heimliche Herrscherin

Das Ziel ist eine kleine Figur im Klosterinneren. Gehen Sie durch das Tor des

Bizarre Tropfsteingebilde in den Höhlen von Campanet

sandsteinfarbenen Hauptgebäudes und durch den steinernen Innenhof, dann sehen Sie rechts schon die hohe Fassade der Klosterkirche. Aber seien Sie nicht enttäuscht, wenn Sie im dunklen Innenraum am Altar einen verwaisten Platz und keine Madonna finden. Hinter dem Altar verbirgt sich eine weitere Kapelle, und dort steht sie, die Moreneta. So nennen die Einheimischen ihre heimliche Königin. Kein anderes Marienbildnis wird auf der Insel so verehrt wie dieses. Wenn Sie sich in Inca nicht zu lange aufgehalten haben, könnten Sie vielleicht bis 11.15 Uhr in Lluc sein, um während der Messe die Blavets singen zu hören. Das sind Sängerknaben (und neuerdings auch -mädchen), die ihrer blauen Messgewänder wegen so heißen und in Lluc in einem Internat leben. In den spanischen Schulferien (Mitte Juni bis Mitte September) singen sie jedoch nicht.

Die Anfänge des Heiligtums von Lluc reichen bis ins 13. Jahrhundert zurück. Aus einer anfänglich kleinen Kapelle mit der Moreneta wurde im Laufe der Jahrhunderte erst eine Einsiedelei von Augustinermönchen, später eine Klosterschule. Immer aber war es die kleine Madonna, die im Mittelpunkt des Geschehens stand, zu der die Inselbewohner eine ganz innige Beziehung hatten. Symbolisiert wird das durch die Dorfwappen an den Wänden der Marienkapelle, wo jeder Mallorquiner seines finden kann. Übrigens kann es Ihnen passieren, dass Sie, in den Anblick der Madonna versunken, plötzlich Ihren Augen nicht trauen. Dann nämlich, wenn sie sich ganz überraschend von Ihnen verabschiedet, sich umdreht und verschwindet. Wie das möglich ist? Ein

Die Geschichte vom kleinen Lukas

Etwa um 1200 war es, da hütete der kleine Lluc (Lukas) die Schafe seines Vaters. Zusammen mit einem Einsiedler fand er eines Tages im Fels eine kleine Marienfigur, die wie er eine dunkle Hautfarbe hatte. Lluc hatte nämlich arabische Eltern, war aber wie sie zum christlichen Glauben übergetreten. In dem Augenblick, als er die Figur fand, erklang himmlische Musik und es erstrahlte ein helles Licht. Sie brachten die Figur zum Pfarrer nach Escorca, der sie in die Kirche stellte. Am nächsten Tag aber war die Madonna weg. Sie fanden sie wieder im Geröll an derselben Stelle. Das wiederholte sich noch einmal. Allen war klar, der Muttergottes sollte eine Kapelle gebaut werden. Wohl auch zum Zeichen der Versöhnung zwischen Moslems und Christen.

Drehmechanismus kann die Moreneta von der Kapelle zum Hauptaltar der Klosterkirche befördern und umgekehrt.

Ein bisschen Bewegung

Den Kids wird's nach so viel Sakralem sicher langweilig. Deshalb nichts wie raus an die frische Luft. Links hinter dem Klosterbau führt eine Treppe auf einen Weg hinauf zu dem großen Kreuz, das man schon von Weitem über dem Kloster sehen konnte. Es krönt den kleinen Kalvarienberg mit den zwölf Kreuzwegstationen. Aus Pietätsgründen – schließlich sind Sie ja an einem heiligen Ort – sollte man hier zwar keinen Wettlauf veranstalten, aber gegen ein Wettgehen ist wohl nichts einzuwenden. Wer zuerst oben ist, darf ... (die Belohnung bleibt Ihnen überlassen). Vorweg sei verraten, dass Sie bei gemütlichem Gehen nicht mehr als 20 Minuten brauchen. Und auch ohne Preis lohnt der Blick auf das Kloster von oben.

Vespern im Freien

Danach meldet sich sicher ein Mordsappetit. Vor dem eigentlichen Klostereingang hat man links einen sehr großen Picknickplatz eingerichtet, mit Feuerstellen zum Grillen, Tischen, Bänken, Abfallkörben und einem Kinderspielplatz. Warum nicht die mitgebrachten Würstchen oder Lammkoteletts (chuletas de cordero), Brot, ein paar Tomaten und einen Nachtisch aus Inca hier verzehren? Zu viel Rummel? Dann schnell ins Auto und nur etwa drei Kilometer weiterfahren in Richtung Pollença. Bei Kilometer 17 laden öffentliche Picknickplätze mit dem Namen Binifaldó ein, links von der Straße unter Steineichen und mit einem brillanten Fernblick in bewaldetes Hochgebirge. Auch hier findet sich alles zum Schmausen im Freien: Feuerstellen, Wasser, Tische, Bänke und Toiletten. Holz kann man allerdings nur am Wochenende kaufen, also Grillkohle vom Supermarkt im Ferienort mitnehmen! Übrigens ist es streng verboten, außerhalb öffentlicher Picknickplätze in den Wäldern Feuer zu machen. Verheerende Waldbrände sind dadurch schon entstanden, denen Pflanzen, Tiere und sogar Menschen zum Opfer gefallen sind. Solche Picknickplätze eignen sich auch sehr gut, um die Einheimischen ein wenig zu studieren. Die Insulaner schleppen in ihren Kühltaschen ganze Gerichte mit, manchmal sogar die Paellapfanne (dann handelt es sich meistens um Spanier vom Festland), und bereiten sich statt der Butterstulle ein Pa amb oli zu: Dazu reiben sie eine Scheibe mallorquinisches Brot mit dem Mark kleiner Tomaten ein, überträufeln es mit Öl, streuen Salz darüber und legen eine Scheibe rohen Schinken oder Käse (oder beides) drauf. Ein Mallorquiner ohne Pa amb oli (gesprochen: Pambóli) ist kein Mallorquiner.

Sonntagspicknick beim Kloster Lluc – Grillfleisch darf dabei nicht fehlen

Die Steineiche

Nirgendwo im Gebirge stehen so viele Steineichen wie in der Gegend von Lluc. Insgesamt schätzt man ihren Bestand auf 15.000 Hektar. Sie sind der in Deutschland bekannten Eiche ähnlich, vor allem die Form der Eicheln. Die Blätter aber sind ganz anders: viel kleiner, ledrig, oft stachelig gezähnt und auf der Unterseite graufilzig. Im Umkreis von Steineichen wachsen im Herbst Pfifferlinge, die die Mallorquiner mit Begeisterung sammeln. Und noch heute treibt man das schwarze mallorquinische Schwein zur Eichelmast in (allerdings eingezäunte) Steineichenwälder.

Zugabe

Wem das als Tagesprogramm noch nicht reicht, der kann einen Besuch der **Coves (Höhlen) de Campanet** [bei km 47,2 der Landstraße Pollenca–Palma rechts ab (Schild), 8 km durch Seitental oder beschilderte Ausfahrt von der neuen Autobahn Palma–Alcúdia, Tel. 971 51 61 30. 40-minütige Führung, tägl. 10-17 Uhr, Erw. € 9,50, Kinder (5-10 J.) € 4,75] und/oder der **Glasbläserei Menestralía** bei Campanet dranhängen [Ausfahrt (salida) Nr. 36 der Autobahn Palma–Alcúdia bei Campanet, Tel. 971 87 71 04, info@menestralia.com, www.menestralia.com. Mo-Sa 9-19 Uhr, So geschlossen, Eintritt frei].

Die kleinen, aber feinen Höhlen erreicht man von Lluc aus über Pollença in Richtung Palma. Etwa 4,5 Kilometer hinter Pollença geht eine kleine, etwas schlaglöcherige Straße ab mit dem Schild „Coves de Campanet": Sie führt zu den Tropfsteinhöhlen, die oberhalb des Tales Sant Miquel hübsch gelegen sind. Dazu gehört auch eine Cafeteria mit zauberhaftem Blick in eine fast toskanisch anmutende Landschaft. Die Führung durch die bizarre Welt der Stalagmiten und Stalagtiten dauert ca. 40 Minuten. In wenigen Autominuten ist man von den Höhlen auf der Landstraße in Richtung Palma, an der man bei Kilometer 36 auf der rechten Seite eine Art Kastell sieht. Ein großes Schild weist auf die Glasbläserei „Menestralía" hin. Spannend ist es, den Glasbläsern über die Schulter zu schauen, wenn sie ihre zerbrechlichen Kunstwerke formen. Natürlich werden die Vasen, Gläser und Figuren auch zum Verkauf angeboten.

Futtern am Pool

*Wer keine Lust zum Picknicken hat oder danach noch einen Kaffee möchte, kann das mit einem Riesen-Badespaß verbinden: nämlich beim **Es Guix** (gesprochen: Gisch). Was das ist? Ein Restaurant mit mallorquinischer Küche mitten im Gebirge. Der Clou: ein Natur-Schwimmbecken mit eiskaltem Quellwasser und kleiner Wasserrutsche. Von Lluc in Richtung Sóller rechts von der Landstraße (ausgeschildert). Mo bis So 12-17 Uhr, Di geschlossen, mittlere Preisklasse, Tel. 971 51 70 92.*

DIE TOLLSTEN ATTRAKTIONEN FÜR KINDER

Wasserpark Aqualand El Arenal

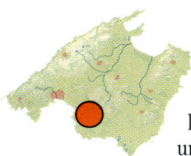

Obwohl Mallorca ringsherum von wunderschönen Stränden und unendlich viel Meerwasser umgeben ist, ist der große Sommerhit der Wasserpark in El Arenal. Mittlerweile gibt es zwar auf Mallorca vier solcher Parks für ein nasses Vergnügen, mit Abstand am attraktivsten und am größten ist jedoch „Aqualand".

Auf einer Fläche von 207.000 Quadratmetern jagt eine Plansch- oder Rutschattraktion die nächste: vierspurige Rutschbahnen, auf denen man Hand in Hand mit den Nachbarn oder um die Wette und mit lautem Geschrei hinabsaust, „Kamikaze"-Riesenrutschen mit mehreren Buckeln und fast senkrechten Gleitspuren oder die gewundene „Anaconda"-Wasserrutschbahn, die alle für das richtige Prickeln im Bauch sorgen …

Tarzan auf Hawaii

Der Lago Aventura, der See der Abenteuer, reizt vor allem Jugendliche, die über unzählige Matten, Ringe und Hängebrücken klettern und sich wie Tarzan an Seilen entlanghangeln, um sich dann mit wildem Geschrei ins Wasser plumpsen zu lassen. Die „Piscinas de Olas Hawaii", zwei riesige Wellenschwimmbäder, produzieren in einem bestimmten Rhythmus künstliche Wellen, die jedes Mal eine Unmenge von Badewütigen aller Altersklassen anlocken. Die kleinen und großen Wasserratten versuchen, sich in diesen rotierenden Wellenbergen

Ein bisschen Ruhe gefällig?

Ob „Tarzan" oder „Kamikaze" – auch jung gebliebene Erwachsene haben in diesem Wasserpark ihr Vergnügen. Wem es zwischendurch aber dennoch zu bunt wird, der kann sich auf grünen Liegewiesen mit Bäumen und Blumen zurückziehen, in aller Ruhe und ohne Musikberieselung dort lesen oder einfach vor sich hin träumen. Hübsche und zweckmäßig eingerichtete Picknickplätze lassen die Kosten für diesen Tag nicht in schwindelnde Höhen wachsen.

irgendwie über Wasser oder auf den Beinen zu halten, und haben dabei einen Riesenspaß.

In diesem Park, in dem alles perfekt organisiert ist, gibt es nichts, was es nicht gibt: von der Reptilienschau über die Rollschuhbahn bis zum Schreibmaschinen-Museum, von der Wasserball- und der Wasservolleyball-Anlage bis hin zu den Wasserspielplätzen, die eigens für Babys und Kleinkinder eingerichtet wurden.

Begleitet wird der ganze Spaß von peppiger Musik, die die Stimmung bei den einzelnen Attraktionen zusätzlich anheizt.

Aqualand, El Arenal, *Auskunft unter Tel. 971 44 00 00 und www.aqua land.es. Spezielle Busse zum Wasser-*

park fahren von Palma (Plaça Espanya), Paguera, Santa Ponsa, Magaluf, Portals Nous, Illetas und Calamayor. Mit dem Auto ist der Park über die Autobahn Palma–Santanyí zu erreichen, Ausfahrt (salida) Nr. 13 bei El Arenal. Im Sommer tägl. 10-17 Uhr, Erw. € 16, Kinder (3-12 J.) € 11,25, Kinder bis 3 J. frei.

Drei weitere Wasserparks gibt es auf Mallorca:

Eine kleinere Ausgabe von **Aqualand** im Südwesten der Insel in Magaluf, Autobahn Palma–Palmanova, dann weiter auf der Landstraße nach Cala Figuera (Magaluf). Tel. 971 44 00 00, www.aqualand.es, Erw. € 21, Kinder € 16.

Western Park gleich neben dem Wasserpark Aqualand in Magaluf an der Landstraße nach Cala Figuera (ausge-

schildert), Autobahn Palma–Andratx, Ausfahrt (salida) Nr. 14. Tel. 971 13 12 03, www.westernpark.com, Erw. € 21, Kinder € 13.

Hídroparc im Inselnorden bei Port d'Alcúdia (siehe auch Tour 2, S. 43). Der Hídroparc liegt in Port d'Alcúdia am Ortseingang nach dem Rondell mit dem roten Pferd. Schon von Weitem sind die Gerüste der Rutschbahnen sichtbar. Von Alcúdia folgt man an der Stadtmauer dem Schild „Can Picafort". Der Park liegt in der Straße Avinguda Tucán (ohne Hausnummer), Tel. 971 89 16 72, Erw. € 16, Kinder € 8.

Eine organisierte Busfahrt zum Aqualand und allen anderen Wasserparks auf Mallorca können Sie von jedem Ferienort der Insel aus buchen, Erkundigen Sie sich im Hotel oder bei der örtlichen Tourist-Info!

Plansch- und Rutschattraktionen im Wasserpark Aqualand

Mallorcas Tierwelt im Natura Parc

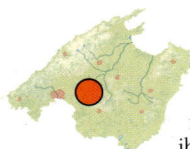

Der kleine private Tierpark beim Dorf Santa Eugènia hat sich zur Aufgabe gemacht, Kindern und ihren Eltern so ziemlich jede Art von Getier, das auf den Balearen kreucht und fleucht, nahezubringen. Angefangen beim Wasserfrosch bis zu Kuh und Esel. Hübsch anzusehen sind die vielen Teiche mit blühenden Wasserpflanzen, die hügelige Landschaft mit Olivenbäumen, Schilfbewuchs, Mandel- und Johannisbrotbäumen. Insgesamt sind mehr als 1.000 Tiere zu bestaunen. Wer genau hinschaut, entdeckt in den begehbaren Volieren ein Vogelnest und bei der Entenschar vielleicht Eier, die eine Entenmami ausbrütet. Auch Exoten wie Marabu, Pelikan, Mara und Lama sind zu erspähen. Und nicht zu vergessen, die 500 Schönheiten in ihren verschiedenen Entwicklungsstadien im Schmetterlingshaus.

Speisen in der Poststation

Vor 150 Jahren Poststation, heute in den rührigen Händen dreier Schwestern, ein Einkehrtipp nur sieben Kilometer vom Park entfernt. Geboten wird gute Regionalkost, z.B. hausgemachte Backwaren, leckere Pa amb olis (siehe S. 83) und hübsche Marmeladen-, Oliven- und Feigen-Gläser (tolle Mitbringsel!). Moderate Preise. Tipp: Unbedingt mal aufs Klo gehen! **Hostal d'Algaida**, *Tel. 971 66 51 09, bei km 21 an der C-715 (vom Park aus Ri. Algaida), neben der Tankstelle.*

„Toca Toca" (tocar: berühren) heißt der Streichelzoo, in dem Zicklein und Kälbchen um Streicheinheiten zärtlicher Kinderhände buhlen. Des Besitzers ganzer Stolz ist der gepflegte Picknickplatz mit Trennmüll-Kästen und dem holzverkleideten Getränkeautomaten, wo sich die Besucher gern niederlassen und Mitgebrachtes verzehren können.

*Der **Natura Parc** liegt bei km 15,4 an der Straße Palma–Sineu bei Santa Eugènia (ausgeschildert), Tel. 971 14 40 78, naturaparc@mallorcaweb.net, www.mallorcaweb.net/naturaparc/. Im Sommer Mo-Fr 10-18, Sa u. So 10-20 Uhr, im Winter können sich die Öffnungszeiten ändern, bitte tel. erkundigen, Erw. € 7, Kinder € 4,50.*

Ziegenfamilie auf Klettertour im Natura Parc

Parc Aventur in der Reserva de Galatzó

Ein tolles Abenteuer ist der „Parc Aventur" im Naturpark „Reserva de Galatzó" mit waghalsigen Klettereien, Rutschpartien und Pfeilwerfen für kleine und große Kinder zwischen 8 und 80 Jahren, die den Nervenkitzel suchen. Hier können sich alle austoben und jede Menge erleben: zum Beispiel am Gleitseil über einer tiefen Schlucht schweben, angeseilt eine senkrechte Felswand emporklettern, auf einer Hängebrücke dem Abgrund ins Auge blicken …

Wandern mit Lerneffekt

Eigentlich handelt es sich ja um zwei Parks, die durch einen gemeinsamen Picknickplatz mit offenen Feuerstellen zum Grillen miteinander verbunden sind. In der eigentlichen Reserva de Galatzó wurde auf sensible Weise der Natur ein bisschen nachgeholfen: mit künstlichen Wasserfällen, wiederhergerichteten Köhlerplätzen, Vogelvolieren und Vogelstimmen auf Knopfdruck. Fast spielerisch lernen Eltern und Kinder auf diesem ausgeschilderten Natur-Lehrpfad viel über mediterrane Natur, die sie sich in etwa 1,5 Stunden erlaufen, ohne sich dabei jemals verlaufen zu können. Kaum eine balearische Pflanze, ein balearischer Baum, der hier nicht zu finden wäre. Dabei ist die Beschilderung, sind die Erklärungen so dezent gemacht, dass der Besucher immer das Gefühl hat,

Im Sonnenlicht glitzernder Wasserfall im Naturpark La Reserva

sich in freier Natur zu bewegen. Kurz gesagt: La Reserva de Galatzó mit dem angeschlossenen Parc Aventur ist einer der gelungensten Freizeitparks der Insel!

La Reserva de Galatzó ist nicht schwer zu finden, die Zufahrtsstraße nach Puigpunyent, dem Dorf, in dessen Nähe er liegt, dafür umso mehr. Fahren Sie über die Via Cintura, die Ringautobahn um Palma, Richtung Andratx und nehmen Sie die Ausfahrt (salida) Valldemossa. Nach ca. 800 m biegen Sie am Kreisel nach links in Richtung Establiments ab, nach 1 km und wieder einem Kreisel biegen Sie Richtung Establiments rechts ab. Nach ca. 2,5 km, aber noch vor Establiments, ist der Weg nach Puigpunyent ausgeschildert. Von dort sind es noch etwa 10 km. Im Zentrum des Dorfes ist die „Reserva" ausgeschildert (noch ca. 20 Mi. Fahrt). Auskünfte unter Tel. 971 61 66 22, info@

Grillspaß

Grillfleisch brauchen Sie nicht mitzubringen, Sie können es am Kiosk auf dem Rastplatz kaufen (zivile Preise). Salz und Pfeffer stehen bereit, die Quellen liefern Trinkwasser, ein Automat erspart das Mitschleppen von Flaschen. Kein anderer Grillplatz auf der Insel ist so perfekt organisiert wie dieser. Meist glüht an einer der Grillstellen bereits die Kohle, sodass es kinderleicht ist, einen zünftigen Imbiss zuzubereiten.

lareservaaventur.com, www.lareserva aventur.com. **La Reserva de Galatzó**: tägl. 10 Uhr bis Sonnenuntergang, **Parc Aventur**: 10-17 Uhr, Eintritt für beide Parks: Erw. € 37,50, Kinder (4-12 J.) € 32,75.

Parc Natural de S'Albufera

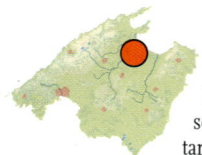

S'Albufera – das ist kein Erlebnispark, kein Freizeitdorado, kein Rummelplatz, sondern ein 2.500 Hektar großes Stück Natur, streng geschützt und ein absoluter Geheimtipp für alle naturbegeisterten Familien. Der Naturpark liegt im Norden der Insel, zwischen Port d'Alcúdia und Can Picafort, und ist eines der bedeutendsten Sumpf- und Lagunengebiete im ganzen Mittelmeerraum. Man kann mit dem Wagen bis in den Naturpark hineinfahren, muss ihn dann aber am Rezeptionshaus abstellen und den eigentlichen Besuch zu Fuß machen. Oder Sie mieten sich ein Fahrrad (siehe Kasten S. 40). Im Infocenter im „Centre de receptió" können Sie sich vorab informieren. Per Knopfdruck werden Schautafeln beleuchtet, auf denen die S'Albufera-Geschichte, die Vogel- und Pflanzenwelt, der Lebensraum von Lagune und Sumpf erklärt sind. An die 50 verschiedene Tiere werden auf Tafeln vorgestellt. Zwei

Videoshows zu den Themen „Wasser und Vögel" und „Entwicklung des Menschen" runden das Informationsprogramm ab. Sie erhalten zudem ein kostenloses Infoblatt – auch in deutscher Sprache –, das auf Spazierwege und Fahrradrouten sowie auf seltene Pflanzen und Vögel hinweist.

Auf Vogel-Schau

Was es auf den Spazier- und Wanderwegen zu sehen gibt, ist Spektakuläres der stillen Art: Orchideenarten zum Beispiel, Frösche, Kröten und Wasserschildkröten. Und natürlich Unmengen an Wasservögeln, 230 Arten insgesamt, darunter auch viele Zugvögel. Wer leise und mit Fernglas (kann ausgeliehen werden) durch das Gebiet geht, erwischt mit Glück Reiher, Regenpfeifer, Stelzenläufer, Bekassinen, ja sogar Flamingos. Natürlich leben in den Gewässern auch

Abendstimmung über der Albufera

Fische, Aale zum Beispiel, die auch regelmäßig in Reusen gefischt und auf den umliegenden Märkten verkauft werden. Und wer die für Mallorca typischen Aalgerichte probieren möchte, kann das in einfachen Kneipen im benachbarten Ort Sa Pobla (links der C-713 nach Inca) tun.

S'Albufera erreicht man über die Landstraße Port d'Alcúdia–Can Picafort. Hinter der Brücke (Pont dels Anglesos), kurz hinter dem Hotel „Esperanza", sehen Sie rechts die Einfahrt zum Parc S'Albufera. Infos unter Tel. 971 89 22 50. Der Besuch ist kostenlos, muss aber an der Rezeption angemeldet werden. Diese erreicht man von der Straße aus nach etwa 800 m. Tägl. 9-17, im Sommer bis 19, Rezeption 13-14 Uhr geschlossen.

Los Patos (die Enten)

Das ist der Name eines Ausflugslokals in der Nähe der Albufera, das aber mehr wegen seiner Paellas und Spanferkelbraten berühmt ist als für gebratene Enten. Das Tolle an dieser Anlage: Sie hat einen Riesenspielplatz mit Pool, weshalb sie auch gern für Erstkommunionsfeiern genutzt wird. Hier gibt's (auf Vorbestellung) auch Aalgerichte (mittlere Preisklasse). Bei Kilometer 8,9 an der Landstraße PM 343-3, die Sa Pobla mit Port d'Alcúdia verbindet, Tel. 971 89 02 65.

Botanischer Garten Botanicactus

Der Botanicactus ist einer der größten botanischen Gärten Europas. Die Hauptattraktion dieses wirklich wunderschön angelegten Reiches mit einer Fülle üppig blühender Pflanzen ist eine wüstenhafte Landschaft, in der außergewöhnliche und bizarre Kakteen wachsen. Ganz besonders interessant für Mallorca-Besucher dürfte der Teil des Parks sein, in dem die Mittelmeerpflanzen wachsen, all die berauschend farbigen Schönheiten, denen man auf Schritt und Tritt überall auf Mallorca begegnet. In seinem fast 20-jährigen Bestehen sind die Pflanzen natürlich prächtig gewachsen, sodass diese Oase im heißen Inselsüden unbedingt lohnt. Eine ausführliche Beschreibung des Parks finden Sie S. 55-56.

Mannshohe Kakteen und haushohe Palmen im Botanicactus bei Ses Salines

Botanicactus am Ortsausgang von Ses Salines in Richtung Santanyí, Tel. 971 64 94 94, botanicactus@botani cactus.com, www.botanicactus.com. Im Sommer 9-19 Uhr, Winter 9-17.30 Uhr, Erw. € 7, Kinder (7-14 J.) € 4,20.

Palma Aquarium

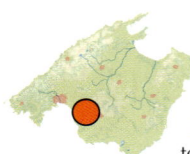

Gewiss: Valencia hat mit seinem Oceanico im Kunst- und Wissenschafts-Zentrum das architektonisch tollste Bauwerk dieser Art in Europa; schließlich war sein Schöpfer der katalanische Stararchitekt Calatrava. Aber was die didaktische Aufbereitung und den Artenreichtum seiner Bewohner betrifft, kann das Palma Aquarium in der Inselhauptstadt

Alles außer Fisch

Heute ein Tipp für ein Restaurant mit vorwiegend Fleisch- und Gemüsegerichten: das **Rancho Picadero**. *Zwar ist es groß, jedoch gemütlich und vor allem sehr mallorquin. Empfehlenswert sind die Sopes mallorquines (Kohl-Fleisch-Eintopf), Lechona (Spanferkel), oder ein Tumbet (Gemüseallerlei im Tontopf). In Can Pastilla, C/. Flamenco 1, kein Ruhetag.*

absolut mithalten. Erst 2007 wurde diese neue Attraktion an der Platja de Palma eingeweiht. 8.000 Exemplare aus 700 verschiedenen Arten aller Weltmeere leben hier in fünf Millionen Litern Meerwasser! Einmal an die Dunkelheit der Gänge und Räume gewöhnt, können Familien hier Stunden verbringen.

Stacheln und andere Mordwerkzeuge

Neben jedem Schaubecken kann der Betrachter per Computer und Fingerdruck die eigene Sprache und dann die Erklärungen zu den Aquariumbewohnern lesen, seien es Pflanzen oder Tiere. Natürlich fehlen auch nicht die Furchterregenden unter ihnen wie der Haifisch, die Muräne oder die vielen Fische mit giftigen Stacheln oder anderen „Mordwerkzeugen". Um auch die winzigsten Wasserbewohner erkennen zu können, hat man große, bewegliche Lupen vor den Becken angebracht. Dass die Betrei-

ber des Aquariums in der Korallenforschung tätig sind, zeigen die unglaublich vielen lebenden Korallen und Seeanemonen in den Aquarien. Die bunt schillernde Unterwasserwelt täuscht jedoch leicht darüber hinweg, dass all dies durch die weltweite Klimaveränderung gefährdet ist – die gut gemachten erklärenden Texte an den Becken weisen darauf hin. Gelungen ist auch der Außenbereich der Anlage, vor allem der „Dschungel" mit Gewitter vom Band, tosendem Wasserfall, Lianengewächsen, tropischen Blüten und Seen. Restaurants, Spielplätze, Souvenirverkauf runden das Angebot ab.

Palma Aquarium *liegt in der Nähe des Balneario 14 an der Platja de Palma. Ausfahrt Nr. 10 von der Autobahn Palma–Santanyí. Infos unter Tel. 971 26 42 75, info@palmaaquarium.com, www.palmaaquarium.com. Tägl. 10-18 Uhr, Erw. € 18, Kinder € 14 (bis 3 J. frei).*

Die geheimnisvolle Unterwasserwelt im Palma Aquarium

Bananenplantage Jumaica-Bananera

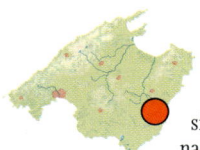

Pep Noguera ist ein begeisterter Fan der Kanarischen Inseln. Was liegt näher, als sich ein Stück Kanaren nach Mallorca zu holen? Die klimatischen Bedingungen beider Inselgruppen differieren ja nicht so stark, also kaufte der kanarenbesessene Mallorquiner Bananenstauden aus Teneriffa, dazu Strelitzien und Weihnachtssterne, und pflanzte alles auf seiner Finca an, die äußerst kanarisch wirkt, führt doch ein Torrente, also ein Barranco, wie man auf den Kanarischen Inseln die Trockenbachtäler nennt, mitten durch die Finca.

So grünt und blüht es in „Jumaica" auf Kanarisch. Und man kann die frisch

Restaurante Can Pep Noguera

Das Plantagen-Restaurant ist nicht nur wegen der Terrasse im Sommer ein Paradies: wunderschön bewachsen mit blühenden, teils exotischen Pflanzen, dazu das Gezwitscher der Vögel. Auch die Speisekarte hat mit vorwiegend mallorquinischen Gerichten einiges zu bieten. Zu den Spezialitäten zählt der Faisán relleno, gefüllter Fasan. Kinder, die die fremde Küche nicht mögen, können auf Gewohntes ausweichen. Das alles zu sehr vernünftigen Preisen (Telefon und Öffnungszeiten siehe Plantage).

geernteten Bananen auch gleich in der Bar „Tropical" kosten, bei Papageien-Gekrächze und Vogelgezwitscher. Zu diesem Augen- und Ohrenschmaus gesellt sich noch ein kulinarischer: Pep Nogueras gleichnamiges Restaurant (siehe Kasten oben), seit 20 Jahren auf Mallorca ein Begriff. Es wurde bildschön in diesen Tropengarten integriert.

Jumaica-Bananera liegt an der Straße von Portocolom nach Porto Cristo bei km 4,5 und ist schon in weitem Umkreis ausgeschildert, Tel. 971 83 39 79 u. 971 83 33 55. Im Sommer tägl. 9-18 Uhr, im Winter 10-16.30 Uhr, Erw. € 6, Kinder (4-12 J.) € 3.

Wie viele „Jumaica"-Bananen sind es?

Safari-Zoo Mallorca

In Deutschland sind sie ziemlich bekannt, diese offenen Tiergärten, in denen man mit dem eigenen Auto oder mit einem parkeigenen Gefährt die Lebensbereiche verschiedener exotischer Tiere durchfährt. So etwas ist auch der Safari-Zoo, das afrikanische Reservat im Südosten der Insel. Über 30 verschiedene Tierarten führt das Faltblatt auf, das der Besucher mit dem Ticket erhält, vom Mantelpavian über die Giraffe bis zum Nashorn. Große und gefährliche Arten leben natürlich auch hier in abgetrennten Gehegen. Erschrecken Sie sich dennoch nicht, wenn vor allem die Affen Ihr Auto manchmal in etwas aggressiver

Blinder Passagier im Safari-Zoo – füttern verboten!

Weise beehren: Sie springen aufs Dach und vergehen sich nicht selten an Zierleisten und Dachgepäckträgern.

Was unter gar keinen Umständen erlaubt ist, ist auszusteigen, um mit den Tieren zu spielen oder sie zu streicheln. Das kann man dann später im Streichelzoo nachholen, natürlich nur mit ungefährlichen Tierarten wie Ziegen, Meerschweinchen oder Kaninchen. Und bitte auch keine Bananen für die Tiere mitbringen. Füttern ist streng verboten. Noch eins am Rande: Dieser Park kommt immer mal wieder ins Gerede, wenn Tierfreunde meinen, dass die Tiere nicht artgerecht gehalten werden. Urteilen Sie selbst …

*Den **Safari-Zoo** finden Sie an der Landstraße von Cala Millor nach Porto Cristo bei km 4,5, Tel. 971 81 09 09. Im Sommer tägl. 9-19 Uhr, im Winter 9-17 Uhr, mit dem eigenen Auto kostet der Eintritt pro Erw. € 10, pro Kind (4-12 J.) € 7.*

Nachwuchs-Fotos

Die Auto-Safari eignet sich hervorragend, mal wieder Filmaufnahmen oder Fotos von Ihrem Nachwuchs zu machen. Natürlich nicht während der Autofahrt, wohl aber im Streichelzoo mit den Tierbabys. Deswegen sollten Sie an einen Fotoapparat und genügend Filmmaterial denken. Der Safaripark macht zwar gegen Honorar während der verschiedenen Tiershows am Ende der Rundfahrt Polaroidfotos von Ihrer Familie, aber das Geld können Sie auf diese Weise sparen.

House of Katmandu

Was ist das: Es steht auf dem Kopf und ist voll von Überraschungen? Falsch geraten — es ist ein Haus, eben im wahrsten Sinne des Wortes ein ver-rücktes. Es steht wirklich Kopf — mitten in der Hotellandschaft von Magaluf.

Die Besucher durchlaufen eigentümliche Räume mit vielen Schaukästen: zum Beispiel die „Werkstatt der Wunder", eine Galeere, die „Bibliothek der Illusionen", ein Magazin, eine „Kammer des Schreckens" und auch das Tal von Katmandu. Einer der Schaukästen enthält die höchsten und architektonisch interessantesten Gebäude der Welt — hergestellt aus Tausenden von Zahnstochern. Raten Sie doch mal mit den Kindern um die Wette, welches der Big Ben ist und welches die Oper von Sidney. Wer gewinnt, bekommt ein Eis im Katmandu-Café. Begleitet wird der Rundgang mit viel Blitz und Donner, Menschenstimmen, Musik und jeder Menge Getöse. Manches reizt zum Lachen, manches erschreckt … Aber keine Sorge: Alle werden sich köstlich amüsieren.

Empfangen werden Sie von dem Abenteurer Kilgore Goode, dem Hausherrn vom Mount Everest, einem Sherpa und einer verführerischen Sirene. Wie das alles zusammenhängt? Hingehen und hineinschauen in das Haus der Magie, Mystik und Mythen. Es ist ein lohnendes Ziel vor allem für Erwachsene und ältere Kinder, die schon die Zusammenhänge der Kuriositäten aus aller Welt begreifen.

Das House of Katmandu ist die neuste Attraktion im riesigen Doppelort Palma Nova-Magaluf. Die beiden stark bebauten Ferienorte werden vornehmlich von britischen Gästen besucht. Vielleicht deshalb häufen sich hier Vergnügungsparks. Die auf Seite 87 erwähnten Wasserparks „Western Park" und „Aqualand" zählen dazu sowie eine Piratenshow in Magaluf (vornehmlich in englischer Sprache) und ein riesiger Minigolfplatz (siehe S. 98).

*Das **House of Katmandu** liegt neben dem „Magaluf Park Hotel" in Palma Nova-Magaluf. Abfahrt Palma Nova von der Autobahn Palma–Andratx. Ausgeschildert. Tel. 971 13 46 60, info@houseofkatmandu.com, www.houseofkatmandu.com. Tägl. ab 10 Uhr, Erw. € 16,90, Kinder € 10,90.*

Zum Essen in den Nachbarort

*Da sich die Restaurants in Magaluf stark auf britische Urlauber ausgerichtet haben, sei Ihnen der Nachbarort **Palma Nova** empfohlen. Zum Beispiel das gehobene Restaurant **Ciro's** direkt am Meer (Passeig del Mar, 3) oder das kleine **La Cucaracha** im „feinen" Ortsteil von Palma Nova (Paseo del Mar, 20). Hier gibt es frisch zubereitete mexikanischen Köstlichkeiten zu erschwinglichen Preisen.*

Freizeitpark Marineland

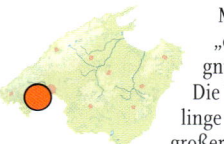

Marineland ist „das" Familienvergnügen auf Mallorca! Die besonderen Lieblinge kleiner und großer Kinder sind natürlich die Delfine. Ihre Show findet in einem Stadion statt und sie treten viermal am Tag auf. Mit ungeheurem Tempo schießen die „Flipper" durchs Wasser, springen haushoch durch Reifen, gegen Bälle, transportieren ihre Trainer mit Leichtigkeit über und unter dem Wasser. Zwei, drei Kinder dürfen bei jeder Show ein kleines Schlauchboot besteigen und die Delfine auch streicheln, bevor sie von ihnen einmal ums Stadion gezogen werden.

Dem Hauptprogramm geht eine Show mit Seelöwen voraus und – zeitlich abgestimmt – schließt sich eine Papageienshow an. Spannend für Kinder und Erwachsene ist auch die „Casa Tropical", das Tropenhaus. Seine Bewohner sind

Riesen-Pizza-Spaß

*Direkt neben dem Marineland liegt der Jachthafen von Portals Nous. An seinem Kai findet man viele Restaurants. Etwa in der Mitte liegt das **Diablito**, in dem Riesenpizzas für vier Personen serviert werden. Allein der Anblick ist toll – und die Pizza schmeckt auch! Der Preis in diesem Luxushafen ist natürlich heiß. Aber dafür hat man einen Superblick auf die schicken Jachten. Ganzjährig geöffnet, kein Ruhetag, Tel. 971 67 94 00.*

Krokodile und Schlangen, Schildkröten und Leguane und die kleinen putzigen Pinselohr-Äffchen.

Beim zum Park gehörenden (Eis-)Café mit Meerblick gibt es einen Zugang zu einem kleinen Sandstrand unterhalb des

Delfine bei der Arbeit im Marineland

Freizeitparks, an dem man entspannt den Rest des Tages verbringen kann.

Marineland liegt an der Costa d'en Blanes bei Port de Portals (Autobahnabfahrt der Strecke Palma–Andratx). Port de Portals hat eine Haltestelle der öffentlichen Buslinien. Außerdem wird Marineland organisiert angefahren, zu buchen über die Veranstalter in den Hotels. Infos zum Park unter Tel. 971 67 68 13, www.marineland.es. Shows 10.30-16.45 Uhr, Erw. € 20,50, Kinder (3-12 J.) € 14,50.

> ### Luxus zum Anfassen
> *Es wäre schade, sich den Besuch des schicksten **Jachthafens** von Mallorca entgehen zu lassen. Er liegt gleich neben dem Marineland. Außerdem können Sie am Hafenkai entlang bummeln und sehen, wo die Schönen und Reichen einkaufen und essen: im Tristan z.B., dem teuersten Restaurant der Insel. Sehr schicke Mode-Boutiquen für „Sie", „Ihn" und „Es".*

Golf Fantasia

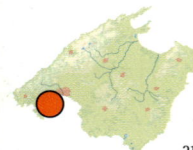

Mit 54 Löchern ist der Minigolfplatz in Palma Nova einer der größten der Insel. Und nicht nur das – er ist auch wunderschön angelegt. Üppige subtropische Pflanzen wie Palmen, Hibiskus und Bougainvilleen umrahmen die Spielplätze, Holzbrücken führen über gurgelnde Bäche, künstlich angelegte Wasserfälle sorgen für Erfrischung und ein Ententeich entzückt vor allem die Kinder. Das viele Grün ringsum sowie ein Café auf dem Gelände tragen zur Entspannung zwischen den einzelnen Spiel-Nummern bei. Besonders hübsch, wenn auch ein bisschen kitschig anzusehen ist der Park bei Nacht, für größere Kinder und ihre Eltern auf jeden Fall ein besonderes Erlebnis.

> ### 18 statt 54
> *Für manches Kind sind 54 Hindernisse vielleicht ein bisschen viel. Fantasia bietet deshalb auch die Möglichkeit, „nur" 18 Löcher zu spielen. So zahlen die Eltern auch „nur" € 8,90 und für ihr Kind € 5,40. Dann bleibt der ganzen Familie genug Zeit, die Pflanzen und Tiere im Park zu betrachten und im Café einzukehren …*

Golf Fantasia liegt in Palma Nova, unweit der Strandpromenade in der C/. Tenis, 3, neben dem Hotel „Palma Nova Palace". Abfahrt Palma Nova der Autobahn Palma–Andtratx. Tel. 971 13 50 40, administracion@ golf-fantasia.com, www.golf-fantasia.com. März-Okt. tägl. 10-24, sonst Mo-Mi, Fr-So 10.30-18 Uhr, Erw. € 12,90, Kinder bis 12 J. € 7,50.

Fakten von A bis Z

Ankunft/Anreise

Wer den langen Landweg mit dem eigenen Auto wählt, kann sich und den Wagen in Barcelona einschiffen. Für Familien mit kleinen Kindern oder Babys ist diese Art der Anreise in der Regel zu strapaziös. Auf jeden Fall muss die Buchung der Fährplätze bei der spanischen Fährgesellschaft Trasmediterránea [Tel. 01805-22 17 83, www.directferries.de] oder über die Seite www.aferry.de bereits vor Antritt der Reise in Deutschland erfolgen. Die meisten Familien aus Deutschland kommen mit einer Pauschalreise, gebucht in einem Reisebüro. Immer mehr reisen jedoch auf eigene Faust. Am preiswertesten sind lange im Voraus gebuchte Flüge, oft zu Schnäppchenpreisen. Einige Fluggesellschaften ermöglichen bei ungünstigen Abflugszeiten (sehr früh morgens oder in der Nacht) das Einchecken inklusive Gepäckabgabe am Abend vorher.

Angekommen am Flughafen in Palma, müssen Sie sich – je nach Landeplatz Ihrer Maschine – auch mal mit langen Märschen durch endlose Gänge (sofern vorhanden, Karre fürs Handgepäck suchen!) abfinden. Organisiert Reisende werden von der Reiseleitung ihres Veranstalters empfangen und dann mit einem Transferbus zum Hotel gefahren. Wer als Individualreisender kommt, findet genügend Taxis oder auch Leihwagenvertretungen (in der Hochsaison unbedingt im Voraus buchen!) vor. Eine Taxifahrt vom Flughafen nach Cala Rajada (die größtmögliche Entfernung auf der Insel) kostet etwa € 80.

Auskunft

Informationsmaterial (wenn auch immer noch recht dürftig) bekommen Sie vorab beim
Spanischen Fremdenverkehrsamt
*Kurfürstendamm 63, 10707 Berlin
Tel. 030-882 65 43, Fax 030-882 66 61
und
Myliusstr. 14, 60323 Frankfurt/M.
Tel. 069-72 50 33 u. 72 50 38 (9-14 Uhr), Fax 069-72 53 13.
www.spain.info u. www.fremden verkehrsamt.com/spanien.html.*

Mallorca verfügt über ein gut ausgebautes Straßennetz

Weitere Büros in Düsseldorf und München.
Auch folgende Internetadressen sind bei der Suche nach Informationen hilfreich:
www.mallorca.com
www.vivamallorca.com
www.mallorca-web.com
www.mallorca-homepage.de.

Darüber hinaus sind derzeit ungefähr hundert Reiseführer über Mallorca auf dem deutschen Buchmarkt, die man zum Teil auch noch auf der Insel bekommen kann.

Autovermietung

Auf Mallorca sind im Hochsommer etwa 35.000 Leihwagen unterwegs. Mit anderen Worten: Es ist Usus geworden, für einen Teil der Ferien oder sogar für die gesamte Zeit einen Wagen zu mieten. Reisebüros in Deutschland „verkaufen" das Leihauto meistens gleich mit dem Flug-Unterkunfts-Paket (benötigte Kindersitze im Voraus anmelden!) – Familien mit Kindern sollten sich jedoch überlegen, ob das sinnvoll ist. Wer pauschal mit einer Reisegesellschaft fliegt, bucht den Transfer vom Flughafen zum Hotel und zurück sowieso gleich mit und kommt während des Urlaubs problemlos mit dem Bus an den richtigen Ort. Wer auf eigene Faust unterwegs ist, nimmt sich vom Flughafen besser ein Taxi, damit die lästige Suche nach Zielort und Hotel/Ferienhaus entfällt.
Jeder Badeort, jede touristische Zone hat heute mehr als einen „Rent-a-Car"-Anbieter, bei dem man sich einen Wagen nach Bedarf mieten kann.

Autofahren mit Kindern

Auch wenn die meisten der in diesem Buch beschriebenen und empfohlenen Touren nur mit dem Leihwagen zu machen sind, sollten Sie Ihre Kinder nicht überfordern. Es gibt eben Kinder, die partout das Autofahren nicht vertragen. Denken Sie daran, Kindersitze im Voraus mitzubestellen. Offene Wagen wie Cabriolets oder Jeeps bergen Gefahren für Kinder, die meist hinten sitzen und damit dem Zugwind wesentlich stärker ausgeliefert sind. Nicht zu vergessen ist auch, dass es selbst im Sommer auf Mallorca regnen kann (Gewitterschauer) und der offene Wagen dann zur Last wird.

Wegen der Konkurrenz differieren die Preise kaum. Tipp: kleine Wagentypen nehmen, weil man mit ihnen weniger Parkprobleme in den engen Gassen der Insel hat.
Für einen kleinen Leihwagen sollte man pro Woche vor Ort mit etwa € 150 rechnen, Vollkaskoversicherung und Mehrwertsteuer inbegriffen. Die Vollkaskoversicherung in Spanien hat jedoch eine geringere Mindestdeckungssumme, sowohl bei Personen- als auch bei Sachschäden. Durch eine Zusatzversicherung, die „Mallorca-Police", die vorher in Deutschland abgeschlossen werden muss, kann man den Versicherungsschutz dem deutschen Niveau angleichen.

Spielspaß über den Wolken

„Mama, was machen wir jetzt...?"
Obwohl Fliegen für Kinder allemal
spannender ist als eine Autofahrt –
kann auch über den Wolken Lange-
weile aufkommen. Um dem entge-
genzuwirken, gibt es tolle Spiele:

A rabi schis te inf ach!

Eine Fremdsprache zu lernen ist doch
ganz einfach! Den Beweis liefert dieses
Spiel, bei dem man Arabisch im Nu
lernt. Alle Spieler sollten allerdings
schreiben und lesen können. Zunächst
denken sich alle gemeinsam einen
möglichst langen Satz aus, den der
Spielleiter aufschreibt und laut vor-
liest. Nun wird der Satz ins Arabische
übersetzt: Nach Lust und Laune werden dabei zwischen den Buchstaben
der einzelnen Wörter senkrechte Stri-
che gezogen. Sie markieren die neuen
Wortzwischenräume. Der fertige Satz
wird nun in der neuen Sprache aufge-
schrieben (alle Wörter fangen jetzt
klein an) und vorgelesen! „Ma mageh
ta uf di eto il ette" klingt doch arabisch,
oder etwa nicht?

Stadt, Land, Fluss

Dieses Wissensspiel ist der Klassiker
gegen Langeweile auf Reisen. Beliebig
viele Mitspieler legen sich eine Tabelle
mit Spalten für die folgenden Rubriken zurecht: Stadt, Land, Fluss, Tier,
Pflanze und Beruf. Wer eine weitere
Schwierigkeitsstufe einbauen möchte,
wählt zusätzliche Rubriken wie z.B.

Film, Automarke oder Buch. Nachdem
ein Mitspieler laut „A" sagt und anschließend das Alphabet in Gedanken
durchläuft, ruft ein zweiter kurze Zeit
später „Halt". Hierbei wird der Buch-
stabe laut genannt, bei dem der Alpha-
betzähler gerade ist. Als nächstes fül-
len alle Spieler so schnell wie möglich
ihre Felder aus. Der Clou dabei ist
natürlich, dass alle Wörter mit dem
ausgewählten Buchstaben beginnen
müssen! Wer zuerst fertig ist, ruft
„Stopp", alle lassen die Stifte fallen
und werten dann ihre Ergebnisse aus.
Jedes richtige Wort ist einen Punkt
wert. Haben zwei Spieler ein Wort dop-
pelt, wird es gestrichen. Tipp: Ausge-
fallene Wörter bringen viele Punkte!
Nachdem jeder seine Punkte eingetra-
gen hat, geht es weiter, bis die Tabelle
voll ist und der Sieger feststeht.

Gobang

Für dieses Spiel braucht man zwei
Spieler, zwei andersfarbige Stifte und
ein kariertes Blatt. Beide Spieler einigen sich als nächstes auf ein bestimm-
tes Zeichen: Der eine wählt z.B. Kreuze, der andere Kreise. Nachdem ausge-
knobelt wurde, wer beginnt, markieren
die Spieler abwechselnd jeweils ein
Kästchen mit ihrem Zeichen. Ziel ist
es, vier zusammenhängende Kästchen
zu kennzeichnen und gleichzeitig zu
verhindern, dass das dem Gegner
gelingt. Der Verlierer beginnt die
nächste Runde.

Dingsbums

Für dieses Spiel braucht man mindestens drei Spieler, Papier und einen Stift. Zunächst sucht sich der Spielleiter einen Begriff aus und flüstert ihn einem Mitspieler ins Ohr. Dieser muss nun versuchen, den anderen Spielern dieses Wort zu erklären. Auf den ersten Blick ganz einfach, aber: Man darf den Begriff auf keinen Fall nennen! Stattdessen muss der gesuchte Begriff mit „Dingsbums" ersetzt werden. Bei dem Wort „Urlaub" ist das Spiel recht einfach, aber wie erklärt man z.B. Heimweh?! Sobald einer der Rater diesen Begriff als Erster errät, bekommt er einen Pluspunkt. Spricht der „Umschreiber" das Wort aus Versehen aus, kassiert er einen Minuspunkt. In beiden Fällen ist der Nächste an der Reihe, seinen Mitspielern einen neuen Begriff zu erklären. Der Spielleiter notiert die Punkte, solange bis das Spiel nach einer festgelegten Anzahl von Runden zu Ende ist. Derjenige, der die meisten Punkte hat, gewinnt!

Tierforscher

Wer weiß, welche Tiere im Urlaubsland, z.B. Australien, zu Hause sind? Am besten lässt sich das zu zweit erforschen. Ein Mitspieler denkt sich ein Tier aus, das aus dem Reiseziel kommt und verwandelt sich in ein Känguruh. Der andere wird zum Tierforscher, der bei seiner Expedition auf das unbekannte Tiere stößt. Nun muss er versuchen, mit Hilfe von Fragen, zu erraten, mit wem er es zu tun hat. Das Tier darf allerdins nur mit „Ja" und „Nein" antworten, so dass man sich die Fragen gut überlegen muss. In der nächsten Runde werden die Rollen getauscht.

family go – Familienreiseportal

Sie kennen Family Go noch nicht? Dann wird's höchste Zeit – denn das junge Reiseportal bietet neben attraktiven und günstigen Familienurlauben tolle Infos und Tipps rund um den Urlaub mit Ihren Liebsten. Neben Lastminute-, Pauschal- und Frühbucherangeboten können auch nur Hotel-, Flug- oder Ferienwohnungen gebucht werden. Auf Familienurlaub ausgerichtet, bietet das Online-Reisebüro außerdem den Service, Urlaub nach bestimmten Suchkriterien auszuwählen, z.B. „Speziell für Kinder". Dabei lässt das vielfältige Angebot, das von A wie Australien bis Z wie Zypern reicht, keine Wünsche offen und hat für jede Familie die passende Reise dabei. Einfach unter www.familygo.de alle Urlaubskriterien bestimmen und um den Rest kümmert sich das kompetente Team für Sie!

Babysitter

Familienurlaub heißt natürlich, möglichst viel gemeinsam zu unternehmen – dennoch möchten die Eltern vielleicht auch mal für sich sein. Tagsüber ist das kein Problem, denn in allen Ferienzentren der Insel gibt es unzählige Möglichkeiten für Kinder, sich ohne ihre Eltern zu amüsieren. Abends bzw. nachts sieht es dagegen schlecht aus, denn offizielle Kinder-Betreuungsdienste existieren nicht. In manchen größeren bzw. besseren Hotels kann Ihnen die Hotelrezeption bei der Suche nach einem Kid- oder Babysitter behilflich sein, und vielleicht kennt auch der eine oder andere Reiseleiter eine zuverlässige Betreuungsperson.

Urlaubssonderzug: die Oldtimerbahn im Bahnhof von Sóller

Bus, Bahn & Taxi

Von Palma aus gehen die Verkehrslinien spinnennetzartig in alle Richtungen der Insel. Die Querverbindungen zwischen den einzelnen Orten sind dagegen nicht so gut – deswegen wird in diesem Buch selten auf die öffentlichen Verkehrsmittel verwiesen. Die beiden Eisenbahnlinien führen von Palma nach Sóller (Informationen siehe S. 75) bzw. nach Inca–Sa Pobla–Petra–Manacor (im Stundentakt). Taxis gibt es wie Sand am Meer. In Palma rechnen die Taxistas nach Taxameter ab, sonst gelten feste Gebührensätze, die der Taxifahrer mit sich führen und auf Verlangen vorzeigen muss.

Die Taxis haben je nach Ort unterschiedliche Farben. Kindersitze in Taxis sind noch nicht sehr verbreitet, damit nimmt man es in Spanien ohnehin nicht so genau wie in Deutschland. Bei einer Taxifahrt müssen Sie sich in der Regel damit begnügen, Babys oder Kleinkinder auf den Schoß zu nehmen.

Diplomatische Vertretung

Deutsches Konsulat in Palma
Palma – Carrer Porto Pi, 8 (3D) im Edificio Reina Constanza,
Tel. 971 70 77 37, Fax 971 70 77 40,
www.palma.diplo.de. Mo-Fr 9-12 Uhr.

Einreise

Im Rahmen der EU-Vereinbarungen benötigen Deutsche keinen Personalausweis für die Einreise; es finden auch keine Kontrollen mehr statt. Letzteres gilt auch für Kinder (unter 16 J.). Wenn Sie sichergehen wollen, besorgen Sie vorher einen Kinderausweis oder lassen sie die Kinder bei den Eltern eintragen. Seine Carnet de Identidad (Personalausweis)

Se vende

Manch ein Tourist hat auf Mallorca den Eindruck, dass fast die ganze Insel zum Verkauf steht, so viele „se vende"-Schilder (zu verkaufen) sieht man. In der Tat bieten immer mehr Insulaner ihr Land oder ihre Häuser an, weil sie das große Geld wittern. Doch die Verkaufspreise sind etwa auf deutschem Niveau. Wer im Urlaub mit dem Kauf einer Finca liebäugelt, sollte sich klarmachen, dass ein leer stehendes Haus, das vielleicht nur zwei-, dreimal im Jahr bewohnt wird, Schaden nimmt und viel Arbeit kostet, bis es wieder in Schuss ist. Ein Haus zu kaufen, um es an Feriengäste zu vermieten, lohnt kaum.

Euro. Eurocheques darf man bis zu einer Höhe von € 300 ausstellen (Personalausweis erforderlich). In Restaurants und Hotels sowie in den meisten großen Läden und Warenhäusern akzeptiert man Kreditkarten, selten jedoch American Express. Das Bankennetz ist dicht. Banken sind werktags 9-14 Uhr, samstags (außer Juli/August) bis 12 Uhr geöffnet. Fast alle verfügen inzwischen auch über einen EC-Automaten (Telebanco). Die Automaten zahlen allerdings in der Regel nicht mehr als € 300 pro Tag aus. Wechselstuben sind länger geöffnet, behalten jedoch meist höhere Kommissionen ein. Am ungünstigsten ist der Geldwechsel im Hotel.

Klima und Reisewetter

Mallorca hat vier deutlich voneinander abgegrenzte Jahreszeiten. Das Frühjahr beginnt Ende Januar mit der Mandelblüte, wobei die Tage im Januar noch recht

muss aber mitnehmen, wer z.B. ein Auto mieten oder Schecks ausstellen will. Auch wollen Fluggesellschaften den Ausweis sehen.

Fundbüro

In Palma befindet sich das Fundbüro im Rathaus:
Ayuntament, Plaça Cort, Tel. 971 72 77 44, Tägl. 9-13 Uhr.
Fundbüro im Flughafen:
„Objectos perdidos", Tel. 971 22 59 06, Mo-Fr 8-14 Uhr.

Geld

Kompliziertes Umrechnen entfällt für Deutsche und Österreicher, denn seit 2001 ist auch Spaniens Währung der

Der Wind, der Wind ...

Inseln werden stark vom Wind bestimmt. So weht der Tramuntana aus Nord und beeinflusst das gleichnamige Gebirge im Nordwesten. Der Mijorn kommt von Süden und bringt nicht selten den mit Sahara-Sand gelb gefärbten Regen mit, der sich dann meist im Inselsüden niederschlägt. Am meisten wird die Insel vom Ponent beeinflusst, dem Westwind. Angenehm ist, dass eigentlich immer ein Lüftchen weht, zumindest an den Küsten.

Klimatabelle

	Jan	Feb	März	Apr	Mai	Juni	Juli	Aug	Sept	Okt	Nov	Dez
Wassertemperaturen in °C	14	13	14	15	17	21	24	25	24	21	18	15
Lufttemperaturen / Tag (in °C) /Nacht	14 7	15 7	17 7	19 10	22 13	27 17	29 20	30 21	27 19	23 15	18 11	15 8
Sonnenschein (in Std.) täglich	4,9	6,2	5,9	6,9	9,2	10,3	10,7	10,2	8,2	6,7	5,5	4,7
Niederschlag (Tage/Monat)	6	5	6	6	4	2	1	2	4	7	6	7

kühl, im Februar auch regnerisch sein können. Im März wird die Kraft der Sonne wesentlich stärker, dann fangen die Felder bereits an zu blühen.

Der April macht auch auf Mallorca, was er will. Meist kommt er mit stark wechselndem Wetter daher, dann und wann mit heftigen Regenschauern. Erst mit dem Mai beginnt sich das Wetter zu stabilisieren und das Meer erwärmt sich langsam. Dann ist die ganze Insel grün, Gärten, Felder und die wilde Bergnatur blühen. Die Temperaturen laden dazu ein, zu wandern oder aktiv zu sein. Im Laufe des Junis wird das Meerwasser so warm, dass auch empfindlichere Naturen nicht mehr vor einem Bad zurückschrecken. Dann hat der Sommer begonnen, der auf Mallorca normalerweise wesentlich heißer ausfällt als in Deutschland. Im August mischt sich die Hitze oft mit einer hohen Luftfeuchtigkeit, die sehr unangenehm sein kann. In der Regel beendet der „gota fria", der

kalte Tropfen, in Gestalt von heftigen, auch länger andauernden Gewittern den Sommer. In den vergangenen Jahren arteten diese Naturereignisse in regelrechte Unwetter mit Überschwemmungen und Wirbelstürmen aus. Der Winter ist eher milde, gelegentlich auch mit Frost verbunden. Schnee fällt meist nur in hohen Berglagen.

Medien

Fast alle Hotels verfügen inzwischen über Satellitenschüsseln, sodass Sie auf deutsche Fernsehprogramme kaum verzichten müssen. Auch Mietfincas und Ferienwohnungen sind zumeist damit ausgestattet. Schon am Flughafen und später am Ferienort gibt es deutsche Zeitungen, Zeitschriften und Bücher zu kaufen. Die beiden deutschsprachigen Wochenzeitungen heißen „Mallorca-Magazin" und „Mallorca Zeitung". Das deutschsprachige „Inselradio" sendet Inselinfos.

Die Hotels und manche Ferienhäuser haben Internetanschluss (vorher erfragen). WLAN-Plätze gibt es auf Mallorca noch nicht flächendeckend.

Medizinische Versorgung

Grundsätzliche Informationen und Hinweise finden Sie im Kapitel „Was Eltern wissen sollten", ab S. 11.

Es gibt eine ganze Reihe von deutschen Gemeinschaftspraxen – Adressen finden Sie in den beiden deutschsprachigen Mallorca-Zeitungen. Außerdem gibt es etwa 40 weitere niedergelassene deutsche Ärzte der Allgemeinmedizin und Fachmedizin sowie etwa 25 deutschsprachige Zahnärzte in Palma, im Südwesten und Südosten der Insel sowie in Alcúdia, Can Picafort und Artà. Mehr als ein halbes Dutzend deutsche Physiotherapeuten, Pfleger und Logopäden runden die intensive (deutsche) medizinische Betreuung auf der Insel ab.

Sollten Sie ein Haustier dabeihaben, das gesundheitliche Probleme hat, finden Sie die Adressen von Veterinärärzten ebenfalls in den beiden deutschen Mallorca-Zeitungen.

Notruf

Zentraler Notruf (Polizei, Feuerwehr, Notarzt): 112 (hier können Sie jede Art von Hilfe suchen, hier werden Hilfe und Rettungsaktionen für Verletzte organisiert).

Öffnungszeiten

Restaurants: normalerweise 13-16 und 19.30-23 Uhr.

Geschäfte: 9 oder 10-13 oder 13.30 Uhr und 16 oder 17-21 Uhr oder länger. Samstagnachmittags und sonntags sind Palmas Geschäfte geschlossen. In den Sommermonaten haben die Geschäfte in den Ferienorten meist durchgehend bis in die Nacht geöffnet.

Organisierte Ausflüge

In Ihrem Hotel werden Sie Angebote der Reiseveranstalter und Busunternehmen für Inselausflüge vorfinden. Das Programm ist seit Jahren gleich, gut organisiert und relativ teuer. Bei Gratis- oder sehr billigen Busausflugs-Angeboten sind zumeist mehrstündige Werbepausen mit Verkaufsvorträgen eingeschlossen, die man über sich ergehen lassen muss. Vor allem für Kinder sind solche Angebote natürlich ein Gräuel.

Post

Briefmarken erhält man bei der Post (correos) und in Tabakläden (tabaco, estanco). Briefe und Postkarten in EU-

Sprachenstreit

Viel seltener geworden, aber immer noch zu sehen, sind übermalte Straßenschilder. Sie künden vom Streit zwischen Anhängern des Mallorquí und des Castellano. Während der Franco-Diktatur durfte nur Spanisch (Castellano) gesprochen werden, weshalb Puristen heute alle Schilder in Katalanisch haben wollen. Genau genommen müsste dann statt Palma Ciutat stehen. Mittlerweile haben sich mallorquinische Orts- und Straßennamen durchgesetzt.

Knorrige Olivenbäume prägen die Landschaft im Inselinneren

Länder kosten € 0,60 Porto. Post und Telefon sind in Spanien getrennt.

Sprachführer

Auf Mallorca werden zwei Sprachen gesprochen: der mallorquinische Dialekt des Katalanischen (Catalán) und das, was wir unter Spanisch verstehen, das Kastilische (Castellano); Amtssprache ist Katalanisch; Straßenschilder und die meisten Straßenkarten liest man in katalanischer Sprache, Speisekarten meist in Mallorquí und Castellano sowie in Englisch, Deutsch und Französisch. Da der mallorquinische Dialekt des Katalanischen äußerst schwierig korrekt auszusprechen ist, werden Touristen von Einheimischen am besten verstanden, wenn sie kastilisch sprechen.

Deshalb listet der folgende Sprachführer einige wichtige Begriffe und Redewendungen auf Spanisch (Castellano) auf:

madre, padre – Mutter, Vater
niño („ninjo" gespr.) – Junge
niña – Mädchen
chico – junger Mann
chica – junges Mädchen
familia – Familie
¿hola („ola" gespr.), qué tal? – Hallo, wie geht's?
¿habla(s) alemán? – Sprechen Sie (sprichst du) deutsch?
por favor – Bitte
gracias – Danke
buenos dias! – Guten Tag! (bis Mittag)
buenas tardes! – Guten Tag! (Mittag bis Abend)
buenas noches! – Guten Abend, gute Nacht! (nach dem Abendessen)
adiós! – Auf Wiedersehen! (salopp)
hasta luego! – Auf Wiedersehen! (förmlicher)
disculpe! – Entschuldigung!
no importa – Macht nichts
¿cómo va? – Wie geht's?
bien – gut
mal – schlecht
muy bien – sehr gut

Im Laden, auf dem Markt:

¿que vale ...? – was kostet ...?
un kilo – ein Kilo
barato – billig

caro – teuer
pequeño – klein
grande – groß
mas – mehr
nada mas – nichts mehr
helado – Eis
cubito, hielo – Eiswürfel

Im Restaurant, in der Bar:
¿podría reservarnos una mesa de cuatro personas? - Können Sie uns einen Tisch für vier Personen reservieren?
la carta, por favor! – Die Karte, bitte!
¿hay ...? – Gibt es ...?
quiero ... – Ich möchte ...
queremos ... – Wir möchten ...
sal, pimienta – Salz, Pfeffer
pan – Brot, Öl
aceitunas – Oliven
bocadillo – belegtes Brot/Brötchen
patatas fritas – Pommes frites
tortilla – Omelette
ensalada – Salat
café (con leche) – Kaffee (mit Milch)
(café) cortado – kl. Kaffee mit Milch
café – kleiner Kaffee (Espresso)
una copa de ... – ein Glas ...
agua mineral – Mineralwasser
sin/con gas – ohne/mit Kohlensäure
leche – Milch
horchata – Mandelmilch
zumo de naranja (natural) – frisch gepresster Orangensaft
cerveza – Bier
vino (de la casa) – (Haus-)Wein
salud! – Zum Wohl, prost!
la cuenta, por favor!
– Die Rechnung, bitte!
me gusta (mucho) – Mir schmeckt (gefällt) ... (sehr)
no me gusta – Mir schmeckt (gefällt) ... nicht

Einkaufen:
¿por favor, donde hay ... ? – Wo finde ich, bitte ...?
farmacía – Apotheke
panadería – Bäckerei
supermercado – Supermarkt
carnecería – Fleischerei
pescadería – Fischladen
mercado – Markt
banco – Bank
correos – Post

Zahlen:
zero – 0
un, uno – 1
dos – 2
tres – 3
cuatro – 4
cinco – 5
seis – 6
siete – 7
ocho – 8
nueve – 9
diez – 10
veinte – 20
cincuenta – 50
cient(to) – 100
mil – 1000

Unterwegs:
¿dónde está ...? – wo ist ...?
servicios – Toilette
izquierda, derecha – links, rechts
todo recto – geradeaus
estación de servicio, gasolinera – Tankstelle
gasolina – Benzin
sin plomo – bleifrei
lleno, por favor – volltanken, bitte
para veinte euros – für 20 Euro
taller – Werkstatt
roto – kaputt

> ### Nicht ohne meine Karte
> *Alle Touren machen Sie besser mit einer guten Straßenkarte, die Sie überall auf der Insel erhalten. Empfehlenswert sind z.B. die Karten aus Mairs Geographischem Verlag, der auch eine gute „Freizeit-Karte" herausgegeben hat. Die auf der Insel erhältliche Firestone-Karte ist nicht ganz so genau.*

camino – Weg
carretera – Landstraße
autopista – Autobahn
vía cintura – Ringstraße
centro – Zentrum
ciudad – Stadt
pueblo – Dorf
playa – Strand
cala – Bucht
agua – Wasser
mar – Meer
piscina– Schwimmbad, Pool
vacaciones – Ferien
¡hace calor! – Es ist heiß!
¡hace frío! – Es ist kalt!
coche – Auto
tren – Zug
autocar – Bus
estación – Station, Haltestelle
ida y vuelta – Hin- und Rückfahrt
lleno, vacío – voll, leer
¿puede ayudarme? – Können Sie mir helfen?

Strom

Auf Mallorca sind elektrische Anschlüsse mit 250 Volt üblich; selten sind solche mit 125 Volt. Die Stecker haben nicht selten ein anderes Format, sodass Adapter nötig sind, die Sie in Supermärkten erhalten.

Telefon

Telefonieren in Spanien ist sehr teuer, vor allem im Hotel, in dem Sie sich lieber anrufen lassen sollten. Wenn Sie daheim anrufen möchten, sollten Sie eine Telefonzelle (Telefónica) benutzen. Wählen Sie für ein Gespräch nach Deutschland zuerst die 0049 und dann die Vorwahl des Zielortes ohne die 0 und zügig weiter die gewünschte Teilnehmernummer. Sonntags ist der Tarif günstiger. Mobiltelefone wählen sich normalerweise automatisch in ein Inselnetz ein.

Trinkgeld

Es ist üblich, im Dienstleistungsbereich Trinkgelder zu geben. Das heißt, dass sich Taxifahrer, Reiseleiter, Busfahrer, Kellner, Zimmermädchen und Empfangspersonal darüber freuen, wenn sie ein Extra erhalten.

Vor allem aber dann, wenn sie Ihnen über die normale Tätigkeit hinaus behilflich sind, wie z.B. im Krankheitsfall, bei Diebstahl oder bei von Ihren Kindern verursachten „Malheuren". Seien Sie großzügig, schon um den Ruf der Deutschen auf Mallorca, die als knauserig gelten, aufzubessern. In Restaurants sind 5 bis 10 Prozent üblich (siehe auch Kapitel „Essen & Trinken"), für Zimmermädchen ab € 5, bei Taxifahrten sollten Sie aufrunden.

Verkehr

Mallorca verfügt über ein dichtes Netz asphaltierter Straßen, die mit wenigen Ausnahmen in gutem Zustand sind, auch in der Tramuntana, dem Hochgebirge im Westen. Da die Straßen jedoch sehr kurvenreich und steil sind, sollte man sich für einen Tagesausflug nicht zu viel vornehmen, zumal in den Hauptreisemonaten die Bergstraßen stark von Ausflugsbussen und in den Wintermonaten von Radfahrerpulks verstopft sein können. Die schmalen Straßen im Landesinnern sind wesentlich weniger befahren und eignen sich gut zum Radfahren und Laufen.

Um Palma herum führt ein Autobahnring (Via Cintura), dem Sie vom Flughafen aus folgen müssen, wenn Sie in den Norden oder den Westen wollen. Später sind dann Inca oder Andratx als Richtungsweiser angezeigt.

Zum Fahren auf Mallorca brauchen Sie keinen internationalen Führerschein. Das Tankstellen-Netz ist ähnlich dicht wie in Deutschland (Tankautomaten sind mit Euro-Scheinen zu bedienen).

Es gelten auch ähnliche Verkehrsregeln. Auf Autobahnen sollten Sie sich an die Geschwindigkeitsbeschränkung von 120 km/h halten. Zu beachten sind Park- und Halteverbote, auch markiert durch blaue und gelbe Linien. Wer sie missachtet, muss damit rechnen, eine hohe Multa (Strafe) zu zahlen oder gar abgeschleppt zu werden. Wer die Gurtpflicht verletzt und erwischt wird, muss ebenfalls zahlen.

In Palmas Altstadtbereich gilt die Ora-(Stunden-)Zone, in der man Parkscheine an Automaten für die Dauer von einer halben, einer oder anderthalb Stunden lösen muss. Es gibt hier nur wenige Parkhäuser, weshalb es besser ist, mit öffentlichen Bussen in die Hauptstadt zu fahren. Die Promillegrenze liegt bei 0,5 Prozent.

Zoll

Innerhalb der EU können Waren zum persönlichen Gebrauch zollfrei ein- und ausgeführt werden. Für zollfreie Ware (Duty-free, der am Flughafen in Palma gut sortiert ist) gelten Beschränkungen: 200 Zigaretten oder 100 Zigarillos oder 50 Zigarren oder 250 g Tabak; 1 l Spirituosen oder 2 l Likör und 2 l Wein; 50 g Parfüm oder 0,25 l Eau de Toilette.

Auch die malloquinische Polizei kennt bei Falschparkern keine Gnade

Einkaufen & Mitbringsel

Natürlich ist Mallorca, wie alle touristischen Hochburgen der Welt, voll von Andenkenkitsch, der zwar auch auf der Insel hergestellt wird, ansonsten jedoch wenig mit ihr zu tun hat. Wer also auf der Suche nach dem Stierkämpfer in der Schneeflocken-Glaskugel für seine Sammlung daheim ist, der wird garantiert fündig. Für alle, die wirklich etwas Originelles und/oder Originales von der Insel mitnehmen möchten, seien hier ein paar Vorschläge gemacht.

Lederwaren

Mallorca ist berühmt für seine Lederwaren; am meisten lohnt der Schuh- und Handschuhkauf für die ganze Familie; sie werden auf der Insel hergestellt und sind meist preisgünstiger als in Deutsch-

Porzellanfigürchen mit Pfiff: Siurells

land. In Palma reihen sich in der Avinguda Jaume III. gleich mehrere Schuhläden aneinander. Zentrum der Lederfabrikation ist Inca; dort lohnen die Geschäfte „Munper", „Asinca", „Antony's Conexion" und „Camper" direkt an der Landstraße Palma–Inca siehe S. 80). Aber auch in vielen anderen Orten können Sie Geschäfte mit Lederwaren finden.

Kunstperlen

Die Insel ist auch für ihre Kunstperlen berühmt. Und in der Tat: Sie sind schön und relativ preiswert. Die größte und berühmteste Fabrik ist **Perlas Majórica** an der Via Roma im Perlenzentrum Manacor. Dort wird anschaulich demonstriert, wie die künstlichen Perlen, die den echten zum Verwechseln ähneln, in vielen Arbeitsvorgängen hergestellt werden, ohne dass jedoch das streng gehütete Geheimnis des Herstellungsverfahrens gelüftet wird. Wer nicht an einer organisierten Busfahrt mit Manufaktur-Besichtigung teilnimmt, sollte entweder gleich um 9.30 Uhr oder nach 17 Uhr an einer Besichtigungsrunde teilnehmen, wenn die Touristenbusse noch nicht dort oder schon wieder abgefahren sind.

Schalen aus Olivenholz

In unmittelbarer Nähe der Perlenmanufakturen in Manacor finden Sie eine große Werkstatt zur Herstellung von hölzernem Kunsthandwerk. Auch dies ist eine Spezialität der Insel: gedrechselte Schüsseln, Schalen, Teller und vieles mehr aus schön gemasertem Olivenholz („Oliv-Art" an der Straße nach Porto

Glitzerndes Geheimnis

*Es war der deutsche Ingenieur Eduard Heusch, der 1925 eine Technik entwickelte, die zur Grundlage für die Herstellung der Mallorca-Kunstperle (Majorica) wurde. Das Rezept ist streng geheim. Nur so viel ist klar, dass kleine Glaskügelchen mehrfach in Perlmutt-Essenzen getaucht und dann getrocknet, gebrannt und poliert werden. Die **Mallorca-Perle** ist der in der Auster gezeugten Naturperle sehr ähnlich und wird sogar ins Perlenland Japan exportiert.*

Cristo). Solche Holzschalen bekommen Sie natürlich auch in Ihrem Badeort.

Keramik

Wenn Sie für sich oder Freunde schöne und typische Mitbringsel von der Insel erstehen wollen, dann sollten Sie in Töpfereien vorbeischauen. Es ist spannend, Profis zuzusehen, wie sie aus der roten mallorquinischen Erde die schönsten Töpfe und Schüsseln formen, die bauchigen Olles (sprich: Oljas) und die flacheren Greixoneres (sprich: Gräschonéras). Die Werkstätten der Töpfer auf Mallorca heißen Ollerías, die meisten von ihnen findet man im Dorf Pórtol, nordöstlich von Palma gelegen (eigene Autobahnabfahrt der Nord-Süd-Strecke).

Siurells

Noch heute werden im Nachbardorf Sa Cabaneta die inseltypischen Siurells in uralten Werkstätten hergestellt: weiß bemalte Tonfiguren mit roten und grünen Strichmustern. Jede Figur ziert eine Pfeife, sie gelten als Glücksbringer. Ganz früher schenkten Verehrer ihrer Angebeteten ein solches Figürchen. Begann sie darauf zu blasen, war das ein „Ja" für ihn, ließ sie es fallen, musste der junge Mann gehen. Heute findet man die Siurells in jedem Andenkenladen.

Leinenstoffe mit Muster

In vielen mallorquinischen Privathäusern, aber auch in Restaurants, Hotels und Fincas können Sie die auf der Insel hergestellten Ikats mit dem typischen Zungenmuster sehen. Die schweren (und teuren) Leinenstoffe werden meist zu Vorhängen, Couch-, Sesselbezügen und Tischdecken verarbeitet; ihre traditionelle Farbkombination ist blau-weiß. Inzwischen werden die tollsten Farbmuster kreiert. In Santa Maria del Cami (Atelier „Bujosa", Ortsmitte, in der Nähe der Kirche) und Pollença („Teixits Vicens", am Verteilerkreisel nach Port de Pollença) können Sie direkt von der Weberei kaufen: Sets, Deckchen, Tischdecken oder Kissenbezüge und natürlich auch vom Meter.

Glasbläsereien

Spannend ist es auch, den Glasbläsern über die Schulter zu schauen, wenn sie ihre zerbrechlichen Kunstwerke formen oder durch lange Rohre blasen, bei „Lafiore" an der Landstraße nach Valldemossa, bei „Gordiola" an der Landstraße nach Manacor und bei „Menestralía" bei Kilometer 36 an der Landstraße Alcúdia–Inca (siehe Tour 10, S. 84). Bei **Gordiola** gibt es sogar ein kleines Firmenmuseum, das von der über 200-jährigen Tradition des Unternehmens und dem starken Einfluss venezianischer Glashüttenkunst erzählt (geöffnet 9-19 Uhr, So geschlossen). Natürlich kann man in den Glasbläsereien nicht nur gucken, die schönen Vasen, Gläser und Figuren werden auch verkauft.

Mallorca-T-Shirt

Speziell für Kinder, aber durchaus auch für Erwachsene, lohnt es, in den Geschäften nach T-Shirts mit Mallorca-Aufdruck zu schauen. Jedes Jahr lassen sich die Hersteller wieder neue, originelle und farbenfrohe Designs einfallen.

Grafik, Gemälde

Mallorca ist die Insel der Maler, 3.000 von ihnen soll es auf der Insel geben. Es wäre fast ungewöhnlich, wenn Sie bei Ihren Inselstreifzügen nicht irgendwo Landschaftsmalern vor ihrem Motiv begegnen würden. Mallorquiner schmücken ihre Wände gern mit Kunst, am liebsten mit Originalen und gar nicht selten auch mit abstrakten Gemälden oder Objekten. In Palma gibt es an die 50 Kunstgalerien, selbst im kleinen Pollença noch zehn, zwei von ihnen mit avantgardistischen Werken. Und viele andere Inseldörfer können zumindest mit ein, zwei Galerien aufwarten. Miró-Anhänger sollten allerdings wissen, dass viele Fälschungen in Umlauf sind. Wer sich nicht ganz sicher ist, sollte bei solch großen Investitionen besser Expertisen einholen.

Naturalien

In Supermärkten und im Einzelhandel kann man guten menorquinischen oder mallorquinischen Käse kaufen, auch leckere Sobrasadas, rote Schweinsmettwürste, oder den luftgetrockneten Jamón Serrano (Serrano-Schinken). Mallorquinische Kapern, in Anis eingelegte Feigen oder Feigenbrot können auch sehr originelle Mitbringsel sein. Ein ganz typisches Mitbringsel von der Insel ist die Ensaïmada (Hefeschnecke); man kann sie im Spezialkarton auch noch in letzter Minute am Flughafen kaufen.

An flüssigen Souvenirs sind gut der mallorquinische dunkle Kräuterschnaps, der Palo, und der Kräuter-Anis-Schnaps Hierbas, den es — meist mit in die Flasche eingelassenen Kräuterzweigen — in den Geschmacksrichtungen „dulce" (süß) und „seco" (trocken) gibt. Interessant für Kognak-Freunde ist der einzige mallorquinische (sanfte) Brandy, der Suau.

Steine, Muscheln, Kräuter

In Mallorcas Naturbuchten gibt es nicht nur Sand, sondern auch Kieselsteine. Oft sind sie herrlich abgeschliffen, sodass sie wunderbare, glatte Schmeichelsteine abgeben. Man kann sie sammeln, mit nach Hause nehmen, vielleicht nachher daheim auch fantasievoll bemalen oder einfach dekorativ auf dem Fensterbrett platzieren. Das gilt natürlich auch für Muscheln, die Kinder an den Naturstränden so gern sammeln. Vielleicht findet sich ja einen weiße Sepia-Schale für den Wellensittich daheim. Und vielleicht haben Sie bei Ihren Ausflügen Gelegenheit — natürlich nicht in Naturschutzzonen —, ein Sträußchen Rosmarin aus den mallorquinischen Bergen zu pflücken, von dem Sie zu Hause noch lange zehren — mit Nase und Zunge.

Festkalender

Die meisten Feste auf Mallorca werden zu Ehren von Schutzheiligen gefeiert und dauern etwa eine Woche. Dann werden musikalische Darbietungen, Ausstellungen, Sportwettbewerbe und kirmesähnliche Rummelplätze veranstaltet. Vor allem in den Ferien gibt es speziell für die Feriengäste Sommerfeste, auf die Plakate in den Orten hinweisen.

6. Januar: Heilige Drei Könige

Anders als in Deutschland ist auf Mallorca der Dreikönigstag der Tag, an dem die (Weihnachts-) Bescherung stattfindet. Deshalb werfen die Kinder ihren Wunschzettel am 5. Januar in einen Sammelkasten im Dorf. An dem Tag ziehen die heiligen Könige bei Dunkelheit mit dem Schiff in die Küstenorte, in Landgemeinden mit dem Pferdekarren oder Traktor. Sie begrüßen Kinder und Eltern und werfen bei ihrem Einzug Bonbons in die Menge. Auf wundersame Weise liegen danach die Geschenke in irgendeinem Fenster des Hauses, natürlich gebracht von den Heiligen Drei Königen.

16. Januar: Fest des Heiligen Sant Antoni

Der heilige Antonius ist der Beschützer der Tiere. Ihm zu Ehren werden in fast allen Inselorten Segnungen durch die Priester veranstaltet. Kinder und Erwachsene bringen ihre Haustiere mit und ziehen in langen Prozessionen durch die Straßen. Vom gekämmten Meerschweinchen bis zur Siamkatze mit Schleife ist jede Art von Zwei- bzw. Vierbeinern dabei. Am eindrucksvollsten ist dieses Fest in Sa Pobla, wo am Nachmittag des 15. Januars rot-schwarze Teufel mit riesigen, furchterregenden Masken ihr Unwesen treiben. Überall im Dorf werden in der Nacht Scheiterhaufen angezündet. Im Schein dieser Feuer wirken die Teufel noch dämonischer, wenn sie das Rathaus stürmen, um vom Bürgermeister und dem Volk wieder hinausgejagt zu werden. Entrefocs nennt sich ein wüster Feuerzauber, den die Teufel auf Rollerskates veranstalten.

Karwoche (Semana Santa)

Die Karwoche wird in ganz Spanien mit Hingabe zelebriert, am beeindruckendsten ist jedoch die Karfreitagsprozession in Palma (Gründonnerstagabend), Artà und Pollença (Karfreitagabend). Es handelt sich um Prozessionen von Büßern. Sie tragen Fackeln und lange Kutten mit Kapuzen, die das Gesicht verdecken. Oft gehen diese Gestalten barfuß und in Ketten. Die Straßen sind gesäumt von schweigenden Menschen – nur die Kinder warten gespannt darauf, dass sie von einem Büßer Caramelos, kleine harte Zuckerkugeln, zugesteckt bekommen. In Palma wie auch in vielen Inseldörfern werden Szenen aus der Passion Christi (in Kostüm und mit Kulisse) dargestellt. Auf Mallorca werden keine Ostereier versteckt, man schenkt sich gefüllte Teigtaschen (Panades mit Fleisch und Erbsen sowie Robiols mit Marmelade).

Karneval (Carnaval)

In jedem Inseldorf werden Karnevalsumzüge veranstaltet, der schönste und größte in Palma, aber auch der in Arenal kann sich sehen lassen. Alle, die Lust haben – vor allem die Kinder – können mitmachen, verkleidet oder nicht. Dennoch hat auf Mallorca der Fasching nicht die gleiche Bedeutung wie z.B. in Rio de Janeiro, in Mainz oder Venedig.

Zweiter Sonntag und Montag im Mai: Feria in Sóller

Am Montag wird im Hafen von Sóller und auch im Ort erbittert gekämpft – Mauren gegen Christen. Natürlich in bunten Kostümen. Das halbe Städtchen macht mit bei der alljährlichen Rekonstruktion einer Schlacht, die einst tatsächlich stattgefunden und viele Opfer gefordert hat. Drei besonders tapfere Frauen stehen im Mittelpunkt des Geschehens, die, ähnlich wie in Pollença, die Araber mit ihren Spindeln in die Flucht geschlagen haben sollen. Besonders aufregend ist es, der Landung der maurischen Piraten vom Meer aus zuzusehen: Mit wildem Getöse stürmen sie an Land, wo sie von den christlichen Sollerícs, wie die Bewohner von Sóller heißen, erwartet werden (Beginn etwa um 15 Uhr).

Sonntag nach Fronleichnam (Juni): Corpus Cristi

Pollença hat die interessanteste Prozession zu Fronleichnam. Vor dem Prozessionszug tanzen zwei kostbar geschmückte Mädchen: Sie stecken in Vogelkörpern und heißen Aguiles, Adler. Das ist das Wappentier der Weber, die in Pollença seit dem 15. Jahrhundert eine große Rolle spielten. Vor dem Zug läuft barfuß ein Junge in der Maske des leidenden Christus mit einem lebenden Lamm im Arm

und hüpft so hoch er kann. Begleitet wird diese illustre Gesellschaft von einer Musikgruppe. Die Einwohner hängen rote Tücher von den Balkonen und werfen Rosenblätter auf den Prozessionszug.

29. Juni: Fest des Heiligen Petrus

Petrus ist Schutzheiliger in Port d'Alcúdia, Cala Rajada und Port d'Andratx, und dort finden auch die schönsten Feierlichkeiten ihm zu Ehren statt. Vom Meer her nähern sich bunt geschmückte Schiffe. Ein tolles Rahmenprogramm mit Musikveranstaltungen, Tänzen und Süßigkeitenbuden zieht sich über mehrere Tage hin. Auch wird das am schönsten geschmückte Boot prämiert.

Juli: Cançons de la Mediterránia

Vier Tage Folklore satt, mit namhaften Künstlern aus dem Mittelmeerraum im „Parc de la mar" unterhalb der Kathedrale von Palma.

2. August: Moros i Cristians

Auch in Pollença kämpfen Mauren und Christen im Gedenken an die Schlacht vor 500 Jahren gegeneinander. Weil das Ereignis damals mitten in der Nacht stattfand, tragen die Christen weiße Nachthemden, die Piraten mit den pechschwarz angemalten Gesichtern bunte Pluderhosen. Gegen 19 Uhr kämpft erst der christliche Pollençiner „Juan Mas" gegen den „Maurenkönig", dann stürmen 500 Piraten mit lautem Gebrüll die Hauptstraße von Pollença hinunter und prallen dort auf 500 mit Stangen und Mistgabeln bewaffnete Christen. Die siegreichen Christen ziehen später in die völlig überfüllte Kirche ein und werden von einem „Te Deum" empfangen. Die „falschgläubigen" Mauren aber müssen draußen bleiben. Um Mitternacht schließt ein Riesenfeuerwerk im Ort das Spektakel ab.

Erstes Oktoberwochenende: Fest der Botifarró

Botifarró ist eine Art Blutwurst. Im Dorf Sant Joan im Inselinneren, das für seine Schweinezucht bekannt ist, grillt sich bei diesem Fest jeder seine Wurst an offenen Feuern mitten im Ort. Gästekinder und ihre Eltern können mitmachen.

24. Dezember: Noche buena (Heiligabend)

In jeder Dorfkirche und in der Kathedrale von Palma gibt es gegen 23 Uhr eine Weihnachtsmesse. Da tritt die Sibila auf, ein Mädchen oder ein Junge mit schöner Stimme, engelhaft gekleidet, und besingt vor der ergriffen schweigenden Menge die Geburt Christi.

31. Dezember: Noche vieja (Silvester)

Auf Mallorca wird in der Silvesternacht normalerweise nicht geknallt. Allerdings werden in den letzten Jahren doch, vor allem von ausländischen Residenten und Urlaubern, hin und wieder Feuerwerkskörper gezündet.

Auf der Insel ist es immer mehr Mode geworden, den Jahreswechsel in einem Hotel zu verbringen, mit der ganzen Familie oder mit Freunden. Dann wird in der Nacht vom 31. Dezember ein Festessen verschmaust, bei dem jeder eine Überraschungstüte bekommt, die dann

Kleine Christen beim Fest Moros i Christians in Pollença

Konfetti, Luftschlangen, Hütchen u.ä. enthält. Vor allem aber bekommt jeder genau zwölf Weintrauben, die er sich einzeln mit jedem Glockenschlag von der im Fernsehen übertragenen Uhr der Puerta del Sol in Madrid in den Mund schieben muss. Die Monate, die er nicht rechtzeitig schafft, werden schlechte Monate. Viel Gepruste, Geschnaufe und Gelächter gibt es dabei …

In Palma und auch in den anderen Inselgemeinden versammelt man sich vor dem Rathaus und tut dasselbe: isst die zwölf Weintrauben, stößt mit mitgebrachtem Sekt auf das neue Jahr an, küsst sich und wünscht sich „molt anys". Anschließend geht man gruppenweise heiße Schokolade trinken und Ensaïmada essen.

Flora & Fauna

Mallorca ist zu jeder Jahreszeit grün, selbst mitten im Winter. Das liegt daran, dass die beiden Baumarten Steineiche und Aleppokiefer, die richtige Wälder bilden, im Winter ihre Blätter bzw. ihre Nadeln behalten. Natürlich zählen auch die immergrünen Olivenbäume mit den wundersam verknorzelten Stämmen und die dunkelgrünen Johannisbrotbäume dazu. Zudem tragen gerade im Winterhalbjahr Apfelsinen- und Zitronenbäume ihre farbenfrohen Früchte, und bereits im Januar überziehen hunderttausend Mandelbäume die Felder und Berghänge mit ihrer rosa und weißen Blütenpracht.

Die blühende Insel

Im Frühjahr lösen gelber Sauerklee und wilde weiße und gelbe Margeriten die Mandelbaumblüte ab, danach leuchten die Äcker knallrot von den Blüten des Mohns. Bis in den Juni hinein sind die Berghänge voll von rosa, weißen und gelben Zistrosen. Gelber Ginster, die blauen Blüten des Rosmarins, weißrosa blühende Asphodelen (Affodil) und die rotlila Blüten der wilden Gladiole vervollständigen die Palette der Frühlings- und Frühsommerfarben. Im Hochsommer verblasst die Natur unter der sengenden Sonne, blühen aber umso betörender die Bougainvilleen, die sich lila, rot, orange oder weiß an Hauswänden und Terrassen emporranken. Der Hibiskus streckt der Sonne seine roten, rosa oder gelben Kelche entgegen, der Oleander säumt Gärten, Straßen und Autobahnen in seinem Rosa, Rot und Weiß. Auffallend im Hochsommer sind auch die bis zu acht

Baumbohnen

Auf den Feldern fallen große Bäume auf, die ähnlich den Olivenbäumen abenteuerlich verdrehte Stämme haben. Wer genau hinschaut, sieht im Frühjahr grüne Bohnen an den Zweigen. Das sind die Früchte des Johannisbrotbaumes. Sie heißen so, weil der Bibel nach Johannes in der Wüste davon gegessen hat. Auf Mallorca dienen sie als Viehfutter. Die Natur hat mit ihnen ein Wunder vollbracht: Jeder der in den Schoten eingeschlossenen Samen wiegt genau ein Karat, also 205 Milligramm, und hat die Form eines Hörnchens, was auf griechisch Kération heißt; mit ihnen wogen die alten Griechen Gold und Edelsteine auf.

Meter hohen Blütenschäfte der Agaven. Vor allem im Süden der Insel sticht eine Kaktusart ins Auge, die bis zu fünf Meter hoch, meist um Gehöfte herum wächst: der Feigenkaktus. Aus den Früchten kann man Marmelade oder Eis machen – beides hat allerdings viele kleine Kerne. Auch roh lassen sich die Früchte verspeisen. Mit Messer und Gabel geht das wegen der Stacheln am besten, und dann gibt's tüchtig was zu spucken!
Ebenfalls in den Sommermonaten wachsen an den Straßenrändern hohe Sträucher mit blassgelben Blütendolden. Das ist der wilde Fenchel. Aus den Früchten wird der Hierbas, der mallorquinische Kräuterlikör, gemacht.

Kräuter und wilde Früchte

Bei Wanderungen an den Berghängen und in den Gariguen verströmen unzählige Kräuterpflanzen ihren aromatischen Duft. Dazu zählen der blau blühende Rosmarin, der wilde Thymian und die Melisse. Im Frühjahr sieht man an den Wegrainen Einheimische mit Sträußen grüner Stengel in der Hand. Das sind die Triebe des wilden Spargels, der gern für eine Tortilla verwendet wird.

Im Sommer wachsen an Mauern wilde Kapernbüsche und an Feldrainen tragen Feigenbäume ihre gelben oder blauen Früchte. Der Herbst beschert (bei genügend Niederschlag) reichen Pilzsegen.

Tiere auf Mallorca

Wer über die Insel fährt, sieht hauptsächlich Schafherden. Außer ihnen begegnet man Hausziegen in Herden und bei Wanderungen den halbwilden Bergziegen. Selten ist die einheimische Ginsterkatze, eine etwa ein Meter lange, gestreifte Schleichkatze mit sehr langem Schwanz. Die häufigsten Kleinsäugetiere sind Hasen und Wildkaninchen.

Zwei Insektenarten, die man in den Sommermonaten auf Schritt und Tritt hört, sind die Grillen und Zikaden. Der Artenreichtum an Insekten ist enorm. Zahllose Schmetterlingsarten gehören dazu; einer der schönsten ist der riesige Oleanderschwärmer, dessen Raupen sich vom Oleander ernähren und dessen Flügelspannweite so breit wie eine Untertasse sein kann. Vor allem in den heißen Monaten begegnet man häufig Kleinreptilien wie Eidechsen und Schildkröten, auf die manchmal durch Schilder hingewiesen wird, weil sie die Straßen gelegentlich passieren können, und Geckos mit ihren lustigen Saugnapffüßen. Im Sumpfgebiet der Albufera leben etliche Frosch- und Krötenarten. Die Schlangen, die es auf Mallorca gibt, sind allesamt für den Menschen ungefährlich.

Für die Mallorquiner ganz wichtig sind Schnecken, die nach einer unglaublich aufwendigen Säuberungsprozedur auf den Mittagstisch kommen, zubereitet in einem pikanten Gewürzsud.

Vogelreichtum

Die artenreichste Gruppe der mallorquinischen Fauna stellen die Vögel. An die 300 Arten soll es geben; sogar Fischadler und Mönchsgeier. Die Hälfte der Vogelarten etwa brütet auch auf der Insel, die anderen Arten sind Zugvögel, die hier auf dem Weg von und nach Afrika Zwischenstation machen. So kommt es, dass auf Mallorca viele Vögel zu hören und zu sehen sind, die wir von zu Hause kennen: von der Nachtigall bis zum Storch.

Überwältigende Pracht: blühende Bougainvillea

Geschichte

Weil Mallorca so schön und so rasch erreichbar ist und zudem an einem strategisch wichtigen Punkt zwischen Europa und Afrika liegt, haben sich seit jeher Eroberer für diese Insel interessiert.

Die Höhlenkultur (2200-1400 v. Chr.)

Etwa um 2000 v. Chr. wohnte die Urbevölkerung noch in Höhlen. Seefahrer aus östlichen Mittelmeerregionen siedelten sich an, man begann, erste Gegenstände aus Zinn und Bronze herzustellen.

Die talaiotische Zeit (1400-200 v. Chr.)

Zwischen 1400 u. 1000 v. Chr. lebten die Inselbewohner nicht mehr in Höhlen, sondern in Talaiot-Dörfern. Sie heißen so, weil in deren Mitte der Talaiot, ein Turm aus mächtigen Felsblöcken, stand. Darin wohnte der Häuptling. Von solchen Siedlungen hat man auf Mallorca etwa 200 entdeckt, einige kann man noch heute besichtigen, z.B. Capocorb Vell bei der Cala Pi (siehe Kasten S. 28). Mehrere Talaiots und die Grundmauern von Häusern sind dort noch zu sehen. Um 1200 v. Chr. brachten Phönizier erstmals Geldmünzen nach Mallorca, sie konnten jedoch die Insel nie erobern. Das lag an den tollen Steinschleuderern, für die Mallorca damals berühmt war. Die Waffe beherrschten die Mallorquiner so perfekt, dass sie erst bei den Karthagern, später bei den Römern als Söldner sehr begehrt waren. Einige Forscher leiten das Wort „Balearen" vom griechischen Verb „ballein" (werfen) ab und

beziehen dies auf die Steinschleuderer. In einigen Inseldörfern ist das Steinschleudern zum modernen Sport geworden. Heute zielt man jedoch auf Metallscheiben. Auf dem Platz vor der Kathedrale in Palma ist die Figur eines Steinschleuderers zu sehen. Man sagt, dass die Kinder damals schon ganz früh das Schleudern lernen mussten: Die Eltern haben Brot auf einen Baum gehängt und die Kinder bekamen erst dann etwas zu essen, wenn sie sich ihr Essen „heruntergeschleudert" hatten.

Kolumbus, ein Mallorquiner?

Es gibt Historiker, die behaupten, Christoph Kolumbus, der Entdecker Amerikas, sei nicht im italienischen Genua, sondern im mallorquinischen Felanitx geboren. Die Schutzheilige von Felanitx ist schließlich die Jungfrau von San Salvador. Und genau so nannte Kolumbus das erste Stück Erde, das er in der Neuen Welt betrat. Auch enthalten seine Aufzeichnungen zahlreiche mallorquinische Namen. Und schließlich heißt der Hafen von Felanitx Portocolóm. 1931 wurde ein Schriftstück von 1495 veröffentlicht, in dem behauptet wird, dass Kolumbus aus Mallorca stamme. Nun denn, nichts Genaues weiß man nicht; aber es ist doch eine tolle Vorstellung, dass der berühmte Seefahrer von der Baleareninsel stammen könnte.

Römische Besetzung (123 v. Chr.-465 n. Chr.)

Auch die Römer nahmen mallorquinische Steinschleuderer in ihre Dienste, nachdem sie 123 v. Chr. Mallorca erobert hatten. Die Römer brachten nicht nur ihre lateinische Sprache mit, die ja die Grundlage für die heutige Inselsprache ist, sondern auch die Oliven (falls die nicht schon von den Karthagern eingeführt worden waren), den Wein und das Getreide. Sie bauten Straßen, Brücken (z.B. die Pont Romá bei Pollença, S. 34), Theater (z.B. das Teatre Romá, S. 40) und gaben der Insel den Namen „Insula Maior", woraus später Mallorca wurde.

Vandalenzeit (465-534)

Zwischen 465 und 534 n.Chr. erreichten die Vandalen, ein germanischer Stamm aus dem Norden, Mallorca. Sie besetzten zwar die Insel, zerstörten sie jedoch keineswegs so blindwütig, wie immer wieder berichtet wird. Danach dauerte es einige Zeit, bis Mallorca wieder vom neuen Römischen Reich mit Sitz in Byzanz, dem heutigen Istanbul, einverleibt wurde.

Islamische Herrschaft (902-1229)

Um 750 wurden die balearischen Inseln immer wieder von Piraten aus dem arabischen Raum, aber auch von Wikingern überfallen. Die Mallorquiner bauten ein ganzes Wachturmsystem rund um die Insel, um sich durch Rauch- und Feuersignale vor den Piraten zu schützen. Aber auch Mallorquiner schreckten nicht vor der Piraterie zurück und hielten sich nicht an Verträge. Deshalb wurde Mallorca 902 auf Geheiß des Emirs von Cordo-

ba (Stadt in Südspanien) von Marokko aus besetzt.

Die nächsten 327 Jahre blieb die Insel arabisch. Die Mauren brachten Orangen- und Zitronenbäume mit, pflanzten Mandelbäume, legten Steinterrassen an, wie sie bis heute in Bergdörfern wie Banyalbufar zu sehen sind. Sie bauten das Bewässerungssystem aus, schufen wunderbare Gärten und Paläste, führten die Lehren ihrer Mediziner, Mathematiker, Astronomen, die Werke ihrer Dichter und Musiker ein. Mallorca wurde eine Insel wie aus Tausendundeiner Nacht.

Königreich Mallorca und Spanien (13.-19. Jh.)

Die Seeräuberei konnten die Mauren jedoch nicht lassen, und so ist es nicht erstaunlich, dass der Christenkönig Jaume I. von Aragón der Piraterie ein für alle Mal ein Ende machen wollte. 1229 lief er vom spanischen Festland aus mit einer großen Flotte die Insel an und eroberte sie nach blutigen Schlachten.

Historisches Relikt: die römische Brücke bei Pollença

Alle, die „ungläubig" waren, ließ Jaume I. töten, und alles, was islamisch war, ließ er zerstören. So kommt es, dass außer einigen wenigen Bauten in Palma und den Gärten von Alfabia kaum noch sichtbare Spuren jener blühenden Maurenkultur auf Mallorca zu sehen sind. Mit den katalanischen Königen kehrte auch die katalanische Sprache nach Mallorca zurück. Die Piraterie und der Sklavenhandel tobten aber noch Jahrhunderte weiter. Immer neue Wachtürme wurden gebaut, um die Insel zu schützen. Pestepidemien, Hungersnöte und Bauernaufstände prägten das Leben auf der Insel bis zum 19. Jh., in dem es zu Bürgerkriegen und der Zerstörung oder Enteignung vieler Klöster und Kirchen kam.

19. Jahrhundert

In jener Zeit (1838) verbrachten der Komponist Frédéric Chopin und die Schriftstellerin George Sand einen leidvollen Winter im Kloster von Valldemossa. Eine „Eroberung" der friedlichen Art machte auch 1864 der Erzherzog Ludwig Salvator von Österreich-Toskana; er landet mit seiner Jacht „Nixe" bei Deià und kaufte im Laufe von Jahren ein Stück Land nach dem anderen mitsamt den darauf stehenden palastähnlichen Herrenhäusern und renovierte diese, zeigte den Bauern, wie man Ölbäume kultiviert, arbeitete selbst auf dem Feld und beim Hausbau mit und war, wenn man so will, der erste „Grüne" und Naturschützer von Mallorca. Auch schrieb er sozusagen den ersten Reiseführer über die Insel, „Die Balearen in Wort und Bild" in sieben Bänden. In einem seiner Häuser, in Son Marroig, haben die Erben ein kleines Museum eingerichtet (siehe S. 70).

20. Jahrhundert

1936 entfesselten putschende Generäle unter der Führung von Francisco Franco in Spanien den Spanischen Bürgerkrieg. Mallorca stand mehrheitlich auf der Seite der Aufständischen, und Andersdenkende wurden auch hier von Francos Leuten terrorisiert und ermordet. Nach dem Tod des Diktators Franco (1975) wurde Spanien 1977 demokratisch, 1983 wurden die Balearen autonom. Nach dem Bürgerkrieg begannen die ersten Touristen Mallorca zu entdecken. Im Jahre 1960 kamen rund 300.000 Feriengäste, heute sind es über sieben Millionen jährlich. Etwa 80 Prozent der Insulaner arbeiten im Tourismus, alle im Dienste sonnenhungriger Feriengäste aus dem Norden, und Palmas Flughafen Son Sant Joan fertigt an Spitzentagen über 200.000 Passagiere ab.

Spaniens Königsfamilie auf Mallorca

Nach Francos Tod wurde Juan Carlos I. König von Spanien. Schon als Student machte er Ferien auf Mallorca und über 30 Jahre kommt er nun mit seiner Familie zum Urlaub auf die Insel. Dann wohnen sie im Marivent-Palast bei Palma, und auf dem Almudaina-Palast, wo der König seinen Amtsgeschäften nachgeht, weht die spanische Fahne. Die Mallorquiner lieben die Königsfamilie und sind stolz auf deren Inseltreue.

Sport

Schwimmen im Pool oder im Meer ist sicherlich die beliebteste Feriensportart auf der Insel, bei Groß und Klein. Kaum ein Hotel, kaum eine Finca ohne Swimmingpool, und dann natürlich das türkisblaue Meer vor der Tür … Damit das Schwimmen auch wirklich ein Vergnügen bleibt, sollten Eltern für empfindliche Kinder mit einer Schutzbrille (microlens) gegen Chlor und Salz vorsorgen.

Schnorcheln und Tauchen

Es ist egal, in welcher Bucht Sie das erste Mal einen Blick unter die Wasseroberfläche werfen – Sie werden begeistert sein! Kindern ist zu empfehlen, die Taucherbrille erst einmal im Swimmingpool auszuprobieren. Dann wird ihnen schnell klar, dass unter Wasser alles viel näher und größer erscheint, als es tatsächlich ist. Später im Meer erschrecken sie dann nicht mehr, wenn eine kleine Felsnische wie eine Höhle aussieht und ein winziger bunter Fisch wie ein Monster. Mallorcas schönste Schnorchelplätze sind übrigens immer dort, wo Felsen die Buchten begrenzen. Tauchschulen gibt es in vielen Badeorten, vor allem in der Nähe reizvoller Tauchgründe, wie etwa in Cala d'Or, Cala Rajada, Port d'Andratx oder Sant Elm.

Ferienspass auf Rädern

Bicicletas oder einfach Bicis nennt man in Spanien Fahrräder. Vor allem im Frühjahr und Herbst kommen Radler aus Deutschland und anderen nördlichen Ländern scharenweise auf die Insel, um die Straßen unsicher zu

machen. Die buntbehosten Gruppen befahren nämlich am liebsten im Pulk (erlaubt!) die engen, kurvenreichen Bergstraßen der Serra de Tramuntana und strapazieren die Nerven der Autofahrer. Seit dem allgemeinen Radl-Fieber kann man überall in den Ferienorten Fahrräder leihen, nicht nur simple Drahtesel, sondern 18- oder mehrgängige Sport- und Mountainbikes.

Für kleinere Kinder werden auch Kinderräder angeboten – allerdings nicht in jedem Ferienort ausreichend. Für ganz kleine Urlauber gibt's Kindersitze auf dem Elternfahrrad.

Und wenn Sie's besonders toll haben wollen: Mallorcas Urlaubszentren überraschen nicht selten mit ganz eigenwilligen Vehikeln: vom Tandem über dreirädrige Fahrzeuge bis zu riesigen Sechssitzern, in denen die ganze Familie genüsslich durch die Gegend zockeln kann.

Wenn's brennt im Meer

Bei bestimmten Strömungen können im Meer Quallen auftauchen. Man sieht das gleich daran, dass kaum Menschen im Wasser sind, obgleich der Strand voll ist, und daran, dass viele Kinder mit Netzen im Meer herumfischen. Die meisten Quallen sind zwar klein, doch wenn man mit ihnen in Berührung kommt, brennt es sehr unangenehm, und die Haut rötet sich. Apotheken haben spezielle Salben gegen das Brennen. Notfalls einen Arzt aufsuchen.

Reiten für Feriengäste

Fast überall in den großen Ferienorten gibt es die Möglichkeit, ein Pferd auszuleihen und, geführt von ortskundigen Reitern, auszureiten, durch Macchia-Landschaft oder auch an den Stränden entlang. Die Reitställe nennen sich meist Rancho oder Club Hípico. Fast jedes Reitzentrum verfügt über Reitlehrer. Es werden unterschiedliche Tagesausflüge angeboten, auch mehrtägige Exkursionen mit Übernachtung im Zelt. Auf jeden Fall empfiehlt es sich – vielleicht mithilfe der Hotelrezeption oder der örtlichen Touristinformation –, vorher beim Reitstall anzurufen.

Auf Schusters Rappen

Wandern ist auf Mallorca sehr populär geworden, sowohl bei Einheimischen wie bei Gästen. Alle Welt will die Insel zu Fuß erkunden. Mit Kindern ist das jedoch so eine Sache: Die meisten Kids kann man mit Fußmärschen nicht gerade begeistern. Bei unseren Tourenvorschlägen (ab S. 34) sind dennoch immer wieder kleinere Wanderausflüge mit eingebaut, weil sich die Landschaft am besten buchstäblich Schritt für Schritt erschließt. Wer engagiert wandern will, sollte sich schon daheim einen Wanderführer kaufen, denn auf Mallorca ist fast alles Gelände privat, und die Wanderführer geben Auskunft, wo und unter welchen Bedingungen man überhaupt wandern kann. Empfehlenswert ist z.B. „Wandern auf Mallorca" von Susanne Lipps (DuMont aktiv).
Im Tramuntana-Gebirge zu wandern heißt alpin zu wandern. Entsprechend sollte die Ausrüstung aussehen. Wer allein geht, bringt sich in Gefahr. Geeig-

Fahrrad im Gepäck

Das Angebot an Leihfahrrädern auf der Insel ist sehr groß. Überlegen Sie deshalb, ob Sie unbedingt Ihre eigenen Fahrräder mitschleppen sollten. Wenn es denn sein muss, sollten Sie daran denken, Ihre Räder beim Veranstalter bzw. bei der Fluggesellschaft vorher anzumelden, und bedenken, dass die Räder während des Flug- und Bustransports auch beschädigt werden oder gar verloren gehen können (Versicherung abschließen!).

nete Wanderrouten für Eltern mit Kindern führen z.B. von Alaró zum Castell d'Alaró, auf den Puig de Maria (den Hausberg von Pollença), nach Penya Rotja auf der Halbinsel La Victoria, durch den Naturpark S'Albufera, den Höhenweg von Fornalutx nach Biniaratx entlang, auf dem Küstenweg von Son Bauló bei Can Picafort über Son Real bis zur Punta Llarga oder von der Cala S'Amunia zum Strand von Sa Comuna.
Auskünfte über Wanderrouten und geführte Wanderungen erhalten Sie auch von den örtlichen Tourismusbüros.

Sail & Surf

So heißt die größte **Segel- und Surf-Schule** auf Mallorca; sie wird von einem deutschen Ehepaar in Port de Pollença betrieben. Diese fast kreisrunde Bucht ist auch bestens geeignet, Anfängern das Einmaleins dieser Wassersportarten beizubringen (Sail & Surf Pollença, Passeig

Saralegui, 134, Port de Pollença, Tel. 971
86 53 46, www.sailsurf-pollensa.de.
Segel-Grundkurs für Erw. um € 230,
Surf-Grundkurs € 200; Jugend-Segelkurs
(ganze Tage) € 205, Kinder-Segelkurs
(halbe Tage) um € 150 . Surfkurs für Kinder bis 14 J. ca. € 170 (saisonabhängig)].
Andere gute Surf-Reviere sind die Bucht
von Palma zwischen Illetas und Cala Blava, die Bucht von Es Trenc und die Bucht
von Alcúdia. Engagierten Seglern stehen
rund um die Insel über vierzig Jachthä-
fen zur Verfügung, weitere werden folgen. Der prominenteste Segler auf
Mallorca ist der König von Spanien
höchstpersönlich. Er hat diesen Insel-
sport sehr populär gemacht.
Wenn Sie selbst eine Jacht chartern wollen, sollten Sie allerdings schon ein
wenig Erfahrung als Skipper mitbringen.
Dafür eröffnen sich dann rund um die
Balearen auch ganz neue Urlaubsdimen-
sionen …

Es grünt so grün …

21 Golfplätze auf einer Insel ohne eigentliche Golftradition sind in den Augen
kritischer Umweltschützer beileibe
genug. Aber es sollen noch neue dazu-
kommen, wenn es nach dem Willen der
Inselverantwortlichen geht. Die meisten
vorhandenen Plätze liegen bei Palma
und im Norden der Insel. Alle Plätze verfügen über eine Driving Range und Golf-
lehrer; Clubmitglied braucht man (außer
bei einem der beiden Santa-Ponça-Plät-
ze) nirgendwo zu sein, Golfausrüstun-
gen kann man in der Regel ausleihen.
Es gibt auf der Insel eine Reihe von Golf-
hotels oder solche, die Ermäßigungen
auf das Greenfee des oder der nächstge-
legenen Plätze ermöglichen.

Tennis

Fast jedes größere Hotel verfügt heutzutage über eigene Plätze. Hochburgen für
Tennis-Anlagen sind Cala Rajada, Sa
Coma und Paguera. Dort gibt es auch
Sandplätze, während sonst Hartplätze
üblich sind. Spanier und – spätestens
seit den Erfolgen der Mallorquiner Carlos Moya und Rafa Nadal – auch die
Mallorquiner sind begeisterte Tennis-
fans. Den Übertragungen dieser Sportart
wird in den spanischen Fernsehkanälen
erstaunlich viel Sendezeit eingeräumt.

*Wandervergnügen: Familie beim
Aufstieg zum Castello d'Alaró*

Verlag: COMPANIONS GmbH,
Rödingsmarkt 9, 20459 Hamburg,
Tel. 040-306 04-600,
Fax 040-306 04-690,
E-Mail: info@companions.de,
Internet: www.companions.de

Autorin: Petra Rossbach

Lektorat und Schlussredaktion:
Kerstin Gonsior
Schlusskorrektur: Nadia Al Kureischi

Titelgestaltung und Layout:
Cornelia Prott

Lithoherstellung:
DZA Satz und Bild GmbH, Altenburg
Druck und Bindung:
DZA Druckerei zu Altenburg GmbH

Bildnachweis:
alle Bilder von Petra Rossbach, außer:
Eisersdorff/Pixelio (S. 5), Phototom/
Fotolia (S. 18); Manfred Boelke/Pixelio
(S. 28); Manwalk/Pixelio (S. 29); Ralf
Seybold/Pixelio (S. 30); AD/Pixelio
(S. 47); Yves Hennechart Brum (S. 60,
62, 63); Palma Aquarium (S. 85, 93),
Gaby Kempf/Pixelio (S. 128)

Titelfoto: cphoto/Fotolia
Illustration (Umschlag):
Noel Powell/iStockphoto

Karte: Karthographiebüro Jochen Fischer

Wir danken allen, die zum Gelingen des
Buches beigetragen haben.

ISBN: 978-3-89740-536-3